JOHANN ELIAS SCHLEGEL

CANUT

EIN TRAUERSPIEL

IM ANHANG:
JOHANN ELIAS SCHLEGEL:
GEDANKEN ZUR AUFNAHME
DES DÄNISCHEN THEATERS

HERAUSGEGEBEN VON
HORST STEINMETZ

PHILIPP RECLAM JUN. STUTTGART

Universal-Bibliothek Nr. 8766 [2]
Alle Rechte vorbehalten. © Philipp Reclam jun. Stuttgart 1967
Gesetzt in Petit Garamond-Antiqua. Printed in Germany 1980
Herstellung: Reclam Stuttgart
ISBN 3-15-008766-X

Canut,

Ein

Trauerspiel.

Copenhagen,
Bey Frantz Christian Mumme,
auf der Börse.
1746.

VORBERICHT

Sowenig diejenigen, welche die Geschichte der alten Zeiten beschreiben, besonders was die Begebenheit betrifft, die ich zum Grunde dieses Trauerspiels genommen, in den Nebenumständen übereinstimmen: so einig sind sie darinnen, daß der zweite Canut einer der größten Könige von Dännemark gewesen, welcher durch seine Tapferkeit nach dem Ausdrucke des Saxo[1] ein Besitzer von sechs Königreichen ward, wiewohl er laut eines Dokuments, das Hvitfeld[2] anführet, sich nur König über ganz England, Dännemark, Norwegen und einen Teil von Schweden schrieb, und daß dieser König sich ebenso groß durch seine Gerechtigkeit und Gütigkeit als durch seine Tapferkeit gemacht. Das alte ‚Hof-Recht‘[3] oder, wie es genannt wird, ‚Witherlaghs-Rätt‘, welches bis auf unsere Zeiten übriggeblieben ist und ihn zum ersten Urheber hat, gibt zu erkennen, wie hoch er die Einigkeit und das Blut seiner Untertanen geschätzet, indem er denjenigen, welcher den andern beleidiget und verwundet hätte, für einen nichtswürdigen Menschen (Nithing) angesehen und in keinem von seinen Reichen geduldet wissen wollte. Von seinen andern Tugenden reden so viele Beispiele, welche sowohl Saxo als

1. *Saxo*, bedeutendster dänischer Geschichtsschreiber im Mittelalter, der wegen seiner Gelehrsamkeit den Beinamen *Grammaticus* erhielt. Gegen Ende des 12. Jahrhunderts verfaßte er im Auftrage des Erzbischofs von Lund unter dem Titel ‚*Gesta Danorum*‘ eine aus sechzehn Büchern bestehende Geschichte Dänemarks, die von den Anfängen bis zu Saxos Gegenwart reicht.

2. *Arrild Hvitfeld* (1564–1609), dänischer Reichskanzler und Verfasser einer Reihe von Werken über die Geschichte Dänemarks. Das von Schlegel erwähnte „*Dokument*" findet sich in der zehnbändigen ‚*Reichschronik Dänemarks*‘, erschienen 1595–1604.

3. ‚*Hof-Recht*‘: Von Knut dem Großen für sein Heer erlassenes Dienstmannenrecht. Die folgenden Sätze Schlegels sind fast wörtliches Zitat daraus.

andre Geschichtschreiber anführen, von denen der erstere ihm das Zeugnis gibt, daß die Unwissenheit und das Altertum, welche das Andenken so vieler andern Könige verdunkelt, dem Ruhme dieses Helden nichts anhaben können.

Gleichfalls ist es eine Begebenheit, welche von keinem Geschichtschreiber geleugnet wird, daß dieser gütige Canut, nachdem er dem Ulfo seiner Verräterei wegen Gnade erwiesen, durch den Trutz und die Ruhmredigkeit dieses Mannes so weit gebracht worden, daß er ihm das Leben nehmen ließ.

Dieses sind fast die einzigen gewissen und unbestrittenen Umstände dieser Begebenheit. In den übrigen bin ich meistenteils dem Saxo gefolget, und was er davon im X. Buche seiner ,Dänischen Geschichte‘ berichtet, ist folgendes: Ulfo, ein geborner Schwede, den die Knytlinga-Saga[4] einen Grafen nennet, hatte lange Zeit unter dem Canut gedient und ihm in allen seinen Kriegen besonders in England beigestanden. Er war bei seiner großen Tapferkeit von sehr wildem Gemüte, ein Charakter, von welchem ich mich zu sagen getraue, daß er vormals bei den deutschen und nordischen Völkern sehr gemein war und daß die meisten unter ihnen die Tapferkeit für die einzige Tugend hielten. Eine Eifersucht gegen den Ruhm des Canut, den er gerne, wo nicht übertroffen, doch ihm gleichgekommen wäre, machte ihn zum Feinde desjenigen Königs, unter dem er sich bisher so wohl verhalten hatte.

Canut hatte eine Schwester mit Namen Estrithe, welche anfangs mit Richard, einem Grafen in der Normandie, verheiratet gewesen und von ihm so vieles ausgestanden hatte, daß Canut endlich genötigt war, diesen Grafen aus seinen Landen zu verjagen, seine Schwester aber zurückzunehmen, die er so sehr liebte, daß er ihr einen Teil der Regierung anvertraute. Ulfo, welcher Gelegenheit suchte, seinen Haß

---

4. Die in isländischer Sprache verfaßte *Knytlinga-Saga* entstand in der zweiten Hälfte des 13. Jahrhunderts und behandelt die dänische Geschichte von 905 bis 1190.

Vorbericht 7

gegen den Canut zu vergnügen, ergriff hierzu einen Einfall der Schweden in Schonen, die er ohne Mühe zurückzutreiben versprach, wenn Canut ihm einen Brief an seine Schwester Estrithe geben wollte, darinnen ihr befohlen würde, alles zu tun, was ihr Ulfo sagte. Diesen Brief mißbrauchte er als einen Befehl des Canut an die Estrithe, ihn zu heiraten. Nachdem er dieses erhalten hatte, ging er mit ihr nach Schweden, verband sich mit dem Könige Omund von Schweden und mit Oluf, Könige in Norwegen, den Canut zu bekriegen, so daß der eine nach Schonen, der andre nach Seeland gehen sollte. Ulfo aber setzte sich mit einer Flotte in dem Fluß Helga, welcher auf der Grenze von Schweden und Schonen sich in das Meer ergießet. Der König Canut, der von diesem Vorhaben schon durch den Haquin Nachricht erhalten hatte, ging selbst auf den Omund los und schickte einen andern Teil seiner Macht dem Ulfo entgegen. Die Anführer dieser Macht hörten kaum, daß Canut den Omund geschlagen hatte, so wollten sie nicht langsamer gewesen sein als er und schlugen an einem Orte, wo der Fluß Helga sehr breit war, eine Brücke, um auf eine Insel zu kommen, wo der Feind gelandet hatte. Ulfo ließ sie in Ruhe, bis der größte Teil der Dänen mitten auf der Brücke war. Er stellte sich sodann, als ob er diejenigen, die ans Land kämen, angreifen wollte, und verursachte dadurch unter den dänischen Völkern eine solche Eilfertigkeit und ein solches Gedränge auf der Brücke, daß dieselbe zerbrach und fast das ganze Kriegsvolk ersaufen mußte. Da sich unterdessen der König herannahte, sah sich Ulfo nicht mehr sicher und beschloß, seine Flotte zu verlassen. Er verrichtete dieses des Nachts durch Hülfe der Boote, mit denen er seine Völker an Land setzte und in Sicherheit brachte, und die Dänen, welche des andern Tages seine Flotte angreifen wollten, fanden nichts als leere Schiffe.

Nachdem hierauf Estrithe den Ulfo wieder bei ihrem Bruder ausgesöhnt hatte, so tat sich Ulfo noch immer auf diesen erhaltnen Sieg so viel zugute, daß er ihn bei allen

Gelegenheiten rühmte. Er tat dieses zumal auf eine so trotzige und beleidigende Art, daß Canut ihm endlich das Leben deswegen nehmen ließ, wiewohl ihn diese Tat sehr betrübte und er sie durch Wohltaten gegen seine Schwester auf alle Art und Weise wiedergutzumachen suchte.

Es erzählet Thorffäus[5] ganz andre Umstände der Sache, denen ich gefolgt sein würde, wenn ich eine Geschichte und nicht ein Trauerspiel schreiben wollen. Ich habe diejenigen Umstände gewählt, die mir am bequemsten geschienen, Charaktere ins Licht zu setzen und Gemütsbewegungen zu erwecken, und dieses mit einer Freiheit, die schon längstens in Gedichten vergönnet gewesen. Ich habe Umstände dazu erdichtet, wie ich für dienlich erachtet, und andre wiederum verändert, weil sie ohne weitläuftige Erklärung unwahrscheinlich ausgesehen haben würden und diese Erklärungen mich von der Hauptfabel abgeführet hätten.

Unter diese Erdichtungen gehöret auch dasjenige, was den Godschalk betrifft. Die Geschichte sagt von ihm, daß er zu derselben Zeit in Canuts Dienste gegangen und daß er sonst, da er die Wissenschaften erlernen sollte, auf die Nachricht, daß sein Vater erschlagen worden, die Künste sogleich verlassen habe, über einen Fluß geschwommen sei und Völker gesammlet habe, diesen Tod zu rächen.

Man hat der Dichtkunst schon längst eine solche, ja eine noch größre Gewalt über die Geschichte um desto williger vergönnet, da diejenigen, die mit Hauptbegriffen von der Historie zufrieden sind, an dergleichen Nebenumständen nichts verlieren, diejenigen aber, so die Begebenheiten vergangner Zeiten auf das genauste kennen wollen, sie nicht in den Gedichten suchen.

---

5. *Thormod Thorffäus* (1636–1719), isländischer Geschichtsschreiber. Schlegel bezieht sich auf seine vierbändige ,*Historia rerum Norwegicarum*‘ aus dem Jahre 1711.

PERSONEN DES TRAUERSPIELS

C a n u t , *König von Dännemark, England,*
Norwegen und einem Teile von Schweden

E s t r i t h e , *dessen Schwester*

G u n i l d e , *ihre Vertraute*

U l f o , *Estrithens Gemahl*

H a q u i n   ⎫
           ⎬ *Kriegsbediente des Canut*
G o d e w i n ⎭

G o d s c h a l k , *Prinz der Slawen*

Der Schauplatz stellet ein Gemach des Königl.
Schlosses vor

Erster Aufzug

ERSTER AUFTRITT

Ulfo. Estrithe.

ULFO

Erwarte weiter nichts. Dein Wunsch ist dir gewährt.
Ich habe dich geführt, wohin du es begehrt.
Du siehst nun Dännemarks berühmte Hauptstadt wieder.
Geh, wirf dich, wenn du willst, vor deinem Bruder nieder,
Ersuche den Canut um gnädiges Verzeihn,   5
Bereu, entschuldige, ja, mische Tränen ein,
Heiß meine Tat vor ihm ein übereilt Verbrechen,
Erniedrige dich nur: Ich will als Sieger sprechen.

ESTRITHE

Ach! Ulfo! kannst du mich so grausam hintergehn?
Hast du mich hergeführt, hier deinen Tod zu sehn?   10
Bedenke, was du schon für deinen Trutz gelitten.
Mein Bruder ist erzürnt, und du willst ihn nicht bitten?

ULFO

Nein! deinen Ehgemahl soll niemand bitten sehn.
Des Ulfo Schicksal ist zu streiten, nicht zu flehn.
Sprich selber: seit mein Herz, da ich es dir geschenket,   15
Der Knechtschaft abgesagt und sich nach Ehre lenket;
Seit mir des Königs Ruhm den Ehrgeiz beigebracht,
Der, um ihm gleich zu sein, mich ihm zum Feinde macht,
Seit ich mit Dännemarks und Englands Herrscher kriegte:
So sprich: Wer hat gesiegt, und wer ist der Besiegte?   20

1. Aufzug, 1. Auftritt

Ich hab ihn ohne Land und ohne Macht erschreckt:
Da alles ihn gefurcht, hab ich ihm Feind' erweckt.

ESTRITHE

Wo sind die Feinde nun, die sich mit dir verbunden?
Norwegens Haupt ist tot und Omund überwunden.

ULFO

Doch ich bin ungebeugt. Es schwimmen in der Flut,   25
Durch meine List ersäuft, die Völker des Canut.
Trotzt ich nicht ungestraft die Stärke seiner Flotten?
Ein Boot beschützte mich, ihn sicher zu verspotten.
Der keinem Feinde sonst vergebens nachgejagt,
Hat in den Wüsten mich zu suchen nicht gewagt.   30
Und ich, ich käme selbst und wollt um Gnade bitten?
Dies heißt zu viel verlangt, wofür hätt ich gestritten?

ESTRITHE

Ach! Ulfo, find ich stets dies harte Herz bei dir?
Je mehr ich dir gehorcht, je mehr versagst du mir.
Hab ich nicht, seit Canut mein Herz dir übergeben,   35
Mir zum Gesetz gemacht, nach deinem Wink zu leben?
Wie willig floh ich mit zu Nordens tiefstem Schnee?
Durch Wälder folgt ich dir und ging mit dir zur See.
Ich sah, um den Canut undankbar zu bestreiten,
Die Schiffe fertig stehn, die Heere sich bereiten: 40
Und doch beschwert ich nie dein unerbittlich Ohr.
Gelassen stellt ich dir dein und mein Unglück vor.
Ich seufzte, daß du dich durch Untreu schimpfen solltest.
Ich haßte, was du tatst, und tat doch, was du wolltest.
Dies ist nunmehr der Dank für alles, was ich tat.   45
Du schlägst mir ab, was ich zu deinem Wohlsein bat.
Du führest mich hieher, Grausamer, mir zu sagen,
Du wollest hier durch Trutz dein Glück, dein Leben wagen.
Ist denn nicht, was du bist, des Königs Eigentum?
Was hat dich wider ihn so aufgebracht?

1. Aufzug, 1. Auftritt

ULFO

Sein Ruhm. 50

Soll er allein die Welt mit seinen Taten füllen?
Sein Name wird genennt, und meiner bleibt im stillen.
Es ist ihm nicht genug, daß er befehlen kann.
In allem tut er mehr als jeder Untertan.
Wer findet unter ihm Gelegenheit zu siegen? 55
Ihn preiset man allein im Frieden und in Kriegen.
Nur er heißt tapfer, groß, fromm, gütig, klug, geübt;
Er wird allein geehrt, er wird allein geliebt.
Sein Geist, den nichts umschränkt, will allen Ruhm umfassen,
Uns, die wir schlechter sind, will er nichts übriglassen. 60
Was bleibt mir, soll mich nicht zu leben ganz gereun,
Zur Ehre für ein Weg als der, sein Feind zu sein?
Ist Stärke, Mut, Verstand an denen denn verloren,
Die kein parteiisch Glück zu Königen geboren?
Hab ich zur Ewigkeit nicht so viel Recht als er? 65
Vom Schicksal kömmt der Thron, von uns die Ehre her.
Er bleibe, was er ist, ein König von sechs Reichen.
An Macht geb ich ihm nach, an Ruhm will ich nicht weichen.

ESTRITHE

Wie quälest du mich nicht mit deiner Ruhmbegier?
Bist du noch stets sein Feind, sprich, warum bist du hier? 70
Hier liebt man den Canut, hier ist ihm alles eigen.
Soll hier dein schwacher Haß sich dir zum Unglück zeigen?

ULFO

Das Unglück, das er bringt, sei wichtig oder klein!
Kein Unglück ist so groß, als lebend tot zu sein.
Wenn unsre Taten uns nicht aus dem Dunkeln heben, 75
Was für ein Unterscheid ist leben und nicht leben?
Zur Ehre hab ich schon den ersten Schritt getan.
Die Welt sieht meinen Sieg schon mit Bewundrung an.
Man sagt schon, daß Canut, den sonst nichts überwunden,
Am Ulfo einen Feind, der siegen kann, gefunden. 80

14   1. Aufzug, 2. Auftritt

Doch daß ich ihn durch List und ohne Schwertstreich schlug,
Daß ich sein Heer ersäuft, ist mir noch nicht genug.
Hier selbst, in seinem Sitz, will ich ihm Krieg erwecken.
Hat er mich erst gefurcht: nun will ich ihn erschrecken.
Geh nur und bitte du bei ihm für mein Vergehn;   85
Du sollst es bald gehäuft und ihn selbst bittend sehn.
Er mag mir meine Tat zurechnen oder schenken:
Es werden Helden sein, die mit mir edel denken.
Ich such sie, sei gewiß, daß dieser Arm nicht ruht,
Mich nenne denn die Welt den Sieger des Canut!   90
(Geht ab.)

ZWEITER AUFTRITT

Gunilde. Estrithe.

GUNILDE

Der König wußte schon, daß du hier angekommen.
Des Ulfo Wiederkehr hat ihm das Herz genommen.
Canut ist immer noch der Held voll Gütigkeit,
Der nur aus Zwange zürnt, aus Neigung stets verzeiht.
Er wird von seiner Huld dich itzt versichern lassen   95
Und zeigen, wie bereit er sei, dich zu umfassen.

ESTRITHE

Ach! wär ich wiederum in Wäldern tief versteckt,
Vom Mangel unterdrückt und von Gefahr erschreckt!

GUNILDE

Was hör ich? ist dein Herz denn unaufhörlich bange?

ESTRITHE

Wie kann es ruhig sein, da ich doch nichts erlange?   100

GUNILDE
Du seufzest, da Canut sich so versöhnlich zeigt?

ESTRITHE
Wenn er sich beugen läßt, ist Ulfo drum gebeugt?

GUNILDE
Die Gnade beut sich an, und er will sie nicht nehmen?

ESTRITHE
Er meint, ein edler Geist muß sich zu bitten schämen.

GUNILDE
Und dieser edle Geist hat dies nicht eh bedacht? 105
Ist dies der Augenblick, da erst sein Stolz erwacht,
Ihn, da er hergeeilt und vor des Thrones Stufen
Itzt niederfallen soll, zu spät zurückzurufen?
In Norden, wo er noch entfernt von der Gefahr,
Verachtet vom Canut und selbst sein König war, 110
Wo ihn kein andrer Feind als Frost und Mangel drückte,
Da war es Zeit zu sehn, ob Flehn sich für ihn schickte;
Da stund ihm noch die Wahl von seinem Schicksal frei,
Ob Elend reizender als der Gehorsam sei.
Doch hier, wo man den Trutz kann durch ein Wort
                           bezähmen, 115
Hier darf, wer strafbar ist, sich nicht zu bitten schämen.

ESTRITHE
Ich fürchte, dieser Stolz ist nicht erst itzt erwacht;
Ach! nichts als dieser Stolz hat ihn hieher gebracht.
Indes daß ich geglaubt, er höre mein Verlangen,
Gunilde, so hat mich der Falsche hintergangen. 120
Du weißt, wie oft ich ihm mit Tränen zugesetzt,
Wie ich ihm vorgestellt, daß er die Pflicht verletzt.
Wie deutlich zeigt ich ihm des Stolzes Folgerungen,
Dadurch er statt des Ruhms nur Schand und Not errungen.

1. Aufzug, 2. Auftritt

Sein wüster Aufenthalt, sein Heer, das ihn verließ,   125
Bezeugten, daß ich ihm nichts als die Wahrheit wies.
Ich riet ihm, wiederum zu seiner Pflicht zu kehren.
Wievielmal bat ich ihn! Zuletzt schien er zu hören.
Der Falsche billigte den Rat, den ich ihm gab,
Er trocknete mir selbst die nassen Wangen ab.   130
Er sprach: Wahr ist's, wer wird *mich hier in Wäldern*
                                        preisen?
Hier ist kein Ruhm für mich, wohlan denn! ich will reisen!
Doch itzo, da mich schon die edle Freude rührt,
Daß ich ein tapfres Herz zur Pflicht zurückgeführt:
Kömmt der Verräter, mir die Bosheit zu entdecken,   135
Sein Zweck sei, dem Canut hier Feinde zu erwecken.

GUNILDE

O Himmel! und du selbst hilfst seiner Freveltat,
Und da du für ihn flehst, beschönst du den Verrat.

ESTRITHE

Wie grausam martert mich der Streit von meinen Pflichten!
Von welcher geh ich ab? Wornach soll ich mich richten?   140
Gilt hier der Liebe Recht? Gilt hier die Schwestertreu?
Ich red, ich schweige still: so ist's Verräterei.

GUNILDE

Das heiligste Gesetz ist stets des Königs Leben.

ESTRITHE

Er hat mir den Gemahl, der es verfolgt, gegeben.
Er selber schickte mir den Undankbaren zu   145
Und schrieb mir den Befehl: Was Ulfo sagt, das tu.
Es mußte Godewin, der erst mein Herz besessen,
Von mir vergessen sein: Ich hab ihn auch vergessen.
Mein Ehgemahl zu sein, ward Ulfo wertgeschätzt;
Drum hab ich meine Ruh, ja mich ihm nachgesetzt.   150
Es war des Königs Wink, den Ulfo mir entdecket;

1. Aufzug, 2. Auftritt   17

Ich ehrte diesen Wink: Drum hab ich ihn vollstrecket.
Wie meinst du, daß Canut nun von mir fordern darf,
Die Pflicht zu hintergehn, der er mich unterwarf,
Und aus strafbarem Haß für Ulfons Übeltaten,   155
Ihn, dem ich meine Treu geheiligt, zu verraten?

GUNILDE

Erhalt den Ulfo denn und stürze den Canut,
Erkauf dir den Gemahl durch deines Bruders Blut;
Dein Schweigen wirst du selbst in kurzer Zeit verfluchen.

ESTRITHE

Was ich verschweigen muß, kann ich zu hindern suchen.   160
Ach! wüßt ich, daß der Grund von Ulfons Raserei
Nichts als ein blöder Stolz, der ungern bittet, sei,
Der lieber alles wagt, eh er sich strafbar nennet,
Und eh die Fehler häuft, als ein Vergehn bekennet.
Wie gern befreit ich ihn und trüg an seiner Statt   165
Die Schuld, in die mein Herz doch nie gewilligt hat.
Ich wollte dem Canut mich selbst zu Füßen werfen,
Ihn bitten, seinen Zorn auf mich allein zu schärfen,
Und sagen, daß von mir des Ulfo Trutz gerührt,
Daß ihn mein Stolz verhetzt, daß ihn mein Rat verführt. 170
Um ihn vor wahrer Schmach auf künftig zu verwahren,
Will ich ihm itzt den Schimpf zu bitten gern ersparen,
Nur mich erniedrigen, nun ihn verschont zu sehn,
Und da ich nichts getan, doch um Vergebung flehn.

GUNILDE

Ach! daß die Zärtlichkeit, die deine Brust entzündet,   175
In Ulfons Herzen doch nicht gleiche Regung findet!

ESTRITHE

Geh, daß er meinen Schluß, weil Rettung ist, erfährt,
Eh seine Raserei sich aller Welt erklärt.
Sprich: Will er nur nicht selbst der Straf entgegenlaufen,

18   *1. Aufzug, 3. Auftritt*

Er braucht die Gnade nicht durch Bitten zu erkaufen,   180
Sein Fehl soll unerwähnt und ungeschehen sein:
Ja! man erspart ihm auch den Schimpf, ihn zu verzeihn.
Er sage dem Canut: Nur mein sei das Verbrechen.
Mich schimpft das Bitten nicht: Ich will mich schuldig
                                        sprechen.
Geh! eile, sag ihm dies. Wer kömmt hier? Godewin!   185
O Himmel! soll ich wohl ihn sprechen oder fliehn?

DRITTER AUFTRITT

Godewin. Estrithe.

GODEWIN

Prinzessin, zwar du scheinst mich ungern zu erblicken:
Doch glaub, ich komme nicht, dir etwas vorzurücken.
Ich hätte deinen Haß stets fern von dir verehrt
Und niemals deine Ruh durch meinen Blick gestört: 190
Doch es hat meiner Pflicht mein Vorsatz weichen müssen,
Mein König läßt durch mich dir seine Freude wissen.
Itzt kömmt er, dich zu sehn, doch eh er dich umfaßt,
So wisse, daß du schon nichts mehr zu bitten hast.
Sprich ihm nicht von Verzeihn, viel minder von
                                        Verbrechen: 195
Dein Bruder will mit dir von nichts als Liebe sprechen.
Auch Ulfo, da du ihm dein ganzes Herz geweiht,
Verdient durch deine Gunst, daß ihm Canut verzeiht.

ESTRITHE

Ich weiß nicht, warum ich dich ungern sollt erblicken,
Und welchen Grund du hast, mir etwas vorzurücken.   200
Heißt dich dein eignes Herz nur mein Gesicht nicht
                                        scheun;
Da dich mein Bruder schickt, muß mich dein Blick erfreun.

1. Aufzug, 3. Auftritt

Ich ehre voller Dank die Zeichen seiner Güte.
Er weist auch im Verzeihn sein königlich Gemüte.
Doch da er, was geschehn, so großmutsvoll vergißt,   205
Weiß ich, daß meine Pflicht, es zu erwähnen, ist.
Darf ich je sein Gebot zu brechen mich erkühnen,
So ist's, um seine Huld durch Bitten zu verdienen.
Hätt ich dem Ulfo gleich mein Herz auch nicht geweiht,
Der Ehrgeiz ist ein Fehl, den leicht ein Held verzeiht.   210
Da ich dich, Godewin, begnadigt angetroffen,
Darf Ulfo noch viel mehr auf gleiche Güte hoffen.

GODEWIN

Daß ich begnadigt sei, Prinzessin, weiß ich nicht.
Vergebung braucht nur der, der seine Pflichten bricht.
Mein Herz verwahrte stets, in ungeschwächtem Triebe,   215
Dem König meine Treu, so wie dir meine Liebe.
Die letzte hast du selbst dem Ulfo nachgesetzt:
Die erste steht noch fest, und nichts hat sie verletzt.
Mein Ehrgeiz treibt mich nicht aus des Gehorsams Schranken,
Kein unbiegsamer Stolz bekrönt mich in Gedanken.   220
Canut, der meine Treu stets zu erkennen schien,
Hat oft mir Gunst erzeigt, doch niemals mir verziehn.
Zwar dich, Prinzessin, rührt der Glanz weit höher Dinge;
Der Ruhm, getreu zu sein, scheint bei dir nur geringe.
Hätt ich vielleicht ein Herz, das herrschen will, gezeigt: 225
So hätt ich zwar gefehlt, doch du wärst mir geneigt.
Nicht daß ich Ulfons Wert bei dir verkleinern wollte:
Ich ehre dich zu sehr, daß ich ihn hassen sollte.
Doch selbst die Ehrbegier seh ich für schimpflich an,
Die mich vergessen lehrt, ich sei ein Untertan.   230

ESTRITHE

Ich glaub es, daß dich nicht der Herrschsucht Triebe quälen.
Nicht jeder ist geschickt, aus Ehrbegier zu fehlen.
Die Fehler, Godewin, sind nicht stets einerlei,
Und auch durch Zaghaftsein verletzt man seine Treu.

1. Aufzug, 3. Auftritt

GODEWIN

Mich nennest du verzagt?

ESTRITHE

Kann ich dich herzhaft nennen? 235

GODEWIN

Wie hab ich diese Schmach bei dir verdienen können?

ESTRITHE

Die Schmach rührt nicht von mir, du selbst entehrest dich.

GODEWIN

Erst nahmst du mir dein Herz und nun beschimpfst du mich?

ESTRITHE

Verstelle nur vor mir dein schimpfliches Verbrechen.
Wenn du es gleich verschweigst, so wird die Welt doch
sprechen. 240
Meinst du, daß ich allein, bei dem, was du getan,
Aus Neigung gegen dich die Augen schließen kann?
Wenn alles von dir spricht, soll ich allein nicht hören?
Wenn andre dich verschmähn, soll ich dich noch verehren?
Erinnerst du dich nicht, wie du in jener Schlacht 245
In Schottlands Bergen dich der Welt zum Spott gemacht?
Wie du durch feige Flucht, aus Sorge für dein Leben,
Dem feindlichen Gewehr den Rücken bloßgegeben;
Und daß du, wenn ein Held auf der benarbten Brust
Ruhmvolle Wunden zeigt, die deinen bergen mußt? 250
Dies hat, Unwürdiger, mir längst der Ruf entdecket.
Wie schamrot hab ich mich vor aller Welt verstecket,
Wie zitternd und voll Zorn hab ich den Spott gehört,
Der, den ich liebte, sei vor aller Welt entehrt?
Ich schäme mich noch itzt, daß du mein Herz besessen. 255
Mich kränkt noch diese Schmach, und du hast sie vergessen.
Du trittst nach solcher Tat noch kühn vor mein Gesicht,

1. Aufzug, 3. Auftritt

Du tust, als wüßtest du von deiner Schande nicht.
Du meinst, ich scheue mich noch selbst vor deinen Blicken
Und fürchte nur, du kämst, mir etwas vorzurücken.   260
Hast du noch Lieb und Treu vielleicht von mir begehrt?
Wer keinen Ruhm verdient, ist keiner Liebe wert:
Hab ich dich nicht mit Recht dem Ulfo nachgesetzet?
Ich brach nicht meine Treu, nein! du hast sie verletzet.
Dein Herz hat Ehr und Pflicht und wen du liebst
                          verkannt: 265
Drum hab ich dich mit Recht aus meiner Brust verbannt.
Sollt ich dein feiges Herz noch stets als mein betrachten,
Mich dir zu eigen weihn, da ich dich mußt verachten?
So hätt ich ja den Spott, den du verdienst, geteilt
Und wäre willig selbst zur Schande zugeeilt.   270

GODEWIN

Wie unrecht du mir tust, kann ich dich leicht belehren.

ESTRITHE

Ich weiß genug von dir, um weiter nichts zu hören.

GODEWIN

Nachdem du mich beschimpft, entweichest du von mir?

ESTRITHE

Dich weiter nicht zu sehn, sonst will ich nichts von dir.

GODEWIN

Soll ich beschuldigt sein und kein Gehör erlangen?   275

ESTRITHE

Was kannst du sagen?

GODEWIN

         Dies: Ich habe nichts begangen.

ESTRITHE

Entweich und leugne nicht, was alle Welt gesehn.

GODEWIN

O Himmel! mußte mir noch diese Schmach geschehn!

Zweiter Aufzug

ERSTER AUFTRITT

Canut. Godewin.

CANUT

So glaubst du, daß in ihr die Zärtlichkeit sich rühre,
Daß nicht ihr Unglück bloß sie wieder zu mir führe,　　280
Daß ihre Wiederkunft nicht bloß erzwungne Reu,
Sie selbst mir noch geneigt und noch Estrithe sei?
Ihr Herz war nicht gemacht, den Bruder stets zu hassen;
Die Tugend konnte sie auf immer nicht verlassen.
Ein Geist, der denkt und fühlt, der irrt nur kurze Zeit.　285
Dies hofft ich.

GODEWIN

Herr, für dich ist sie voll Zärtlichkeit.

CANUT

Doch sage, Godewin, wie hat sie dich empfangen?
Stieg ihr kein wallend Rot auf die beschämten Wangen?
Vermied nicht deinen Blick ihr schüchternes Gesicht?
Verwies sie nicht sich selbst die dir gebrochne Pflicht?　290
Hat sie, nachdem sie sich von dir auf stets entzweiet,
Was sie nicht ändern kann, nicht wenigstens gereuet?

2. Aufzug, 2. Auftritt

Und hat ihr nicht ihr Herz, das sich zur Tugend neigt,
Ihr Unrecht gegen dich, wie gegen mich, gezeigt?

GODEWIN

Da dich die Großmut treibt, dein Unrecht ihr zu
schenken,   295
So ist das meine, Herr, zu klein, daran zu denken.

ZWEITER AUFTRITT

Estrithe. Canut. Godewin.

ESTRITHE

Mein König, deine Huld, die du mir wiedergibst,
Beschämt mich, da sie mir bezeigt, wie du mich liebst.

CANUT

Die Liebe, die du rühmst, braucht dich nicht zu beschämen,
Die geb ich dir nicht erst, nichts konnte dir sie nehmen.   300

ESTRITHE

Sosehr dich meine Flucht mit Recht erzürnen kann ...

CANUT

Sie hat mich nicht erzürnt, sie hat mir wehgetan.

ESTRITHE

Sosehr auch mein Vergehn mich zu verklagen scheinet,
So glaub, ich hab es mehr, als du wohl denkst, beweinet.
Erlaube, daß ich dir den Grund verhehlen darf,   305
Warum ich aus dem Glück mich in dies Unglück warf;
Ob Lieb, ob Raserei, ob Ehrsucht mich bewogen,
Daß ich mich deiner Gunst und meiner Pflicht entzogen.

24   2. Aufzug, 2. Auftritt

Da du für mein Vergehn Vergebung mir gewährst,
Was braucht es, daß du noch, was mich verführt,
           erfährst?   310
Wer kennet stets den Trieb, der ihn dahingerissen?
Man irrt oft, ohne selbst, warum man irrt, zu wissen.
Nur sieh den Ulfo nicht als den Verbrecher an.
Glaub, alles, was geschehn, hab ich allein getan.
Ich, die du lebenslang mit Wohltun überschüttet,   315
Ich bin es itzt allein, die um Vergebung bittet.
Du brauchest keinem sonst, als mir nur zu verzeihn:
Sonst niemand hat gefehlt, und alle Schuld ist mein.
Mein war des Ulfo Flucht, von mir kam sein Empören,
Ich führte Krieg zur See, ich stand bei seinen Heeren.   320
Erstaunest du, daß ich so kühn zu der Gefahr
Und mehr, als du geglaubt, zum Hassen fähig war?
Ich selbst verwundre mich, wie vieles ich verbrochen.
Doch, Herr, es ist geschehn, und ich bin losgesprochen.
Du fragst, um zu verzeihn, nicht, was begangen sei,   325
Den größten Fehler tilgt bei dir die kleinste Reu.
Gib zu, daß diese Reu den Irrtum ganz durchstreiche,
Der nur so kurz gewährt, und da ich mir nicht gleiche.
Dein Auge, das mich sonst voll Lieb und Ehrfurcht fand,
Soll stets mich wiedersehn, wie es mich erst gekannt: 330
Bis endlich dies mein Herz, durchs Künftige verteidigt,
Dich überreden wird, als wärst du nie beleidigt.

CANUT

Hierzu bedarf es nichts als deine Wiederkehr.
Von allem ist bei mir schon kein Gedächtnis mehr.
Estrithe, laß uns nichts von dem Vergangnen sagen,   335
Mein Herz ist allzu froh, sich weiter zu beklagen.
Es sei genug an dem, was mich bisher gekränkt,
Daß meiner Schwester Herz sich von mir abgelenkt,
Und alles mein Bemühn sich fruchtlos enden mußte,
Weil es mir dein Vertraun nicht zu erwerben wußte.   340
Was dir gewähret ist, hoff auch für den Gemahl:

2. Aufzug, 2. Auftritt

Wär alles wider ihn, so schützt ihn deine Wahl.
Er darf nur ohne Furcht vor meinem Blick erscheinen,
Ich hab ihn nie gehaßt und lieb ihn als den Deinen.
Warum hast du zuvor dein Herz vor mir verhehlt?   345
Da du ihn dir ersehn, hätt ich ihn auch gewählt.
Die Herrschaft über dich ist dir stets frei gewesen.
Behalt sie, lieb ihn.

ESTRITHE

Herr, du hast mir ihn erlesen.

CANUT

Ich?

ESTRITHE

Ja! du hast ihn selbst mir als Gemahl gesandt.
Er ward mir darum lieb. Er kam von deiner Hand.   350
Du schriebst mir, das zu tun, was er von mir begehrte.
Ich nahm ihn an als den, der deinen Wink erklärte.
Er zeigte mir voll Dank und Liebe gegen dich,
Das, was er foderte und du ihm gäbst, sei ich.
Er wies mir dein Gebot: was braucht er mehr zu zeigen?   355
So war mein Herz erlangt, und sein Glück ward mein
                                          eigen.
So sorglos hab ich stets auf deine Huld gebaut
Und deiner Führung bloß mein ganzes Glück vertraut.
Was du für gut geschätzt, für meine Pflicht geachtet,
Und was ich wünschen soll, allein durch dich betrachtet. 360
Sollt auch gleich diese Wahl dir itzt zuwider sein:
So war es doch dein Werk, erkenn es noch als dein.
Und laß mich nur noch dies von deiner Huld erlangen,
Zu glauben, was geschehn, hat Ulfo nicht begangen.

CANUT

Itzt eben, da du mir von seiner Unschuld sagst,   365
So weißt du nicht, wie sehr du ihn vor mir verklagst.

ESTRITHE

Ach! so ist mir für ihn zu sprechen nicht erlaubet?

CANUT

So strafbar, als er ist, hätt ich ihn nicht geglaubet.

ESTRITHE

Kann er noch strafbar sein, da du ihm schon verziehn?

CANUT

Doch, da ich ihm verzeih, beschuldigest du ihn.   370

ESTRITHE

Ich kann, was er getan und was du sagst, nicht fassen.

CANUT

Dein Irrtum dienet dir, drum will ich dir ihn lassen.
Da du den Ulfo liebst: so hat er nichts getan.
Dein Bruder sieht ihn bloß mit deinen Augen an.
Du weißt nicht seine Schuld: ich will daran nicht
                                        denken,   375
Du nennst ihn mein Geschenk: wohl! ich will dir ihn
                                        schenken.

DRITTER AUFTRITT

Godewin. Estrithe.

ESTRITHE

O Himmel! läßt er mich in Angst und zweifelsvoll?
Verzieh doch, Godewin, sprich, was ich denken soll.
Erkläre, was Canut vom Ulfo mir gesaget.
Verräter, du hast ihn wohl mehr als ich verklaget.   380
Ich kenne schon die Art der Menschen ohne Mut,

2. Aufzug, 3. Auftritt

Den Schaden tut ihr Mund, den uns ihr Arm nicht tut.
Sie scheuen die Gefahr, sich Rache zu verschaffen,
Und an des Schwertes Statt sind Reden ihre Waffen.

GODEWIN

So glaubst du denn von mir nichts, als was mich entehrt? 385
Werd ich denn stets beschimpft und niemals angehört?
Indes, da sich mein Herz bemüht, für dich zu sprechen,
So sucht das deine stets an mir ein neu Verbrechen.
Bei dieser Qual, von dir nicht hochgeschätzt zu sein,
Ist selber dein Verlust mir nur geringe Pein. 390
Und doch, um diese Qual noch härter zu empfinden,
Muß ich dich ohne Schuld und edelmutig finden.
Prinzessin, hätt ich wohl mein Unglück je geglaubt?
So ist's kein Trieb von dir, der mir dein Herz geraubt?
So haben Ruf, Betrug und Irrtum sich verschworen, 395
Daß ich das Edelste, was ich besaß, verloren?
So hat ein falsch Gerücht, das man dir vorgebracht,
In deinen Augen mich verachtungswert gemacht?
Und da es deine Gunst mir mit der Ehr entrissen,
So hat uns ein Betrug auf ewig trennen müssen? 400
So ist des Ulfo Glück kein Werk von deiner Wahl?
So gab Canuts Gebot dir ihn zum Ehgemahl?
Und ach! ein solch Gebot . . .

ESTRITHE

             Antworte meinen Fragen!
Sprich: Hab ich was gesagt, den Ulfo zu verklagen?
Sprach ich den König nicht für ihn mit Demut an? 405
Drückt ich nicht deutlich aus, er habe nichts getan?
Hat nicht Canuts Befehl dem Ulfo mich vermählet?
Was sagt mein Bruder denn, daß ich ihn selbst gewählet?
Brach Ulfo oder ich hierbei die kleinste Pflicht?
Warum entdeckest du mir dies Verbrechen nicht? 410
Vielleicht, damit ein Fehl, nach schon erlangter Gnade,
Noch unverziehen sei und unverhoffter schade.

GODEWIN

Verlaß dich doch darauf, daß ihn Canut vergißt.
Was suchst du eine Schuld, die schon getilget ist?
Erlaube, daß ich dir den großen Dienst erzeige   415
Und, was Canut verschweigt, dir ebenfalls verschweige.
Prinzessin, forsche nicht und schone deiner Ruh.
Es ist des Ulfo Fehl, drum schließ die Augen zu.
Halt diese Rechte hoch, die dich und ihn verbinden,
Und hüte dich dafür, ihn strafbar zu befinden.   420
Glaub nur, ich schätze mich zu edel für das Amt,
Der Zwietracht Mund zu sein, der Zorn und Haß entflammt,
Mit andern zu entzwein, wen ich nicht kann gewinnen,
Und in der Eintracht Schoß Unfrieden zu entspinnen.
Wahr ist's, ich wünschte mir noch itzt des Ulfo Glück.   425
Doch mein betrogner Wunsch läßt keinen Neid zurück.
Ich will den Ulfo dir und dich dem Ulfo gönnen,
Nur zeig dich so gerecht und lern mich besser kennen,
Behalt nicht ungeprüft den schimpflichen Verdacht,
Durch den du mich vorhin unschuldig rot gemacht.   430
Ich habe meinen Ruhm durch Zagheit nie beflecket,
Ich habe meine Brust den Feinden nie verstecket.
Und hat ein falscher Ruf dein Herz von mir gekehrt,
Die Wahrheit spricht für mich: Ich bleib stets deiner wert.
Befrag nur den Canut, befrage tausend Zeugen,   435
Such meine Fehler auf, von andern laß uns schweigen.
Hier kömmt auch dein Gemahl, der für mich zeugen kann,
Befrag ihn, ob ich was zu meinem Schimpf getan.

VIERTER AUFTRITT

Godewin. Ulfo. Estrithe.

GODEWIN

Komm! ich darf ohne Furcht mich auf dein Zeugnis stützen,
Wer selbst nach Ehre strebt, muß andrer Ehre schützen.   440

2. Aufzug, 4. Auftritt

Komm, sprich hier als ein Held, der Lügen schimpflich heißt,
Der die Verleumdung haßt und jedem Recht erweist:
Du kennst mich, und du warst oft mein Gehülf im Streite,
Hier stand ich an Canuts und hier an deiner Seite,
Mit dir eilt ich zugleich ins Mittel der Gefahr,   445
Mit dir kam ich zurück, wenn sie besieget war.
Erinnerst du dich noch der unvergeßnen Schlachten,
Die unserm Könige der Schotten Krone brachten?
Sag der Prinzessin doch, wie tat ich meine Pflicht?

ULFO

Du fochtest, wie man soll, wenn man um Ehre ficht.   450

GODEWIN

Wer sah mich einen Schritt jemals zurückekehren,
Eh man ein froh Geschrei den Sieg ausrufen hören?
Wenn hab ich meinem Feind den Rücken zugewandt?
Wenn floh ich, Ulfo?

ULFO

Nie, solang ich dich gekannt.

GODEWIN

Wo ist der Lästrer nun, der meinen Schimpf erdichtet,   455
Der meinen Ruhm befleckt und der mein Glück zernichtet?
Wer hat den Ruf erdacht, als hätt ich durch die Flucht
Die Rettung meines Bluts in meiner Schmach gesucht?
Prinzessin, dieser Ruf hat mir dein Herz entrissen,
Laß mich mit dir zugleich nicht auch die Ehre missen.   460
Sprich, wer entdeckte dir dies alles wider mich?
Wer hinterging dich so?

ULFO

Der, den du suchst, bin ich.

GODEWIN

Du?

ULFO

Ich.

ESTRITHE

Unglücklicher, so hast du mich betrogen?

ULFO

Mein Kunstgriff reut mich nicht; er war zu wohl erwogen.
Ich habe dir durch List Estrithens Herz entführt,   465
Du warst dies Herz nicht wert, nur mir hat es gebührt.
Ich widerrufe nicht, was ich von dir gesaget,
Du bist bei allem Mut ein Herz, das sklavisch zaget,
Der Ruf von deiner Flucht sei immerhin Betrug.
Die Tat nur ist erdacht, dein Schimpf ist wahr genug.   470
Dein Arm, der nur gehorcht, übt sich umsonst im Streiten:
Die Ehre, die dich flieht, die kennst du nur von weiten.
Du hast nicht das Gefühl, das sich in Helden regt.
Kein Ruhm hat dich gereizt, kein Schimpf hat dich bewegt.
Du machst dein feiles Blut zu andrer Eigentume,   475
Du lebst zu deiner Schmach und nur zu fremdem Ruhme,
Du tust aus blöder Furcht, was auch ein Sklave tut.
Dein Arm kann tapfer sein, dein Geist ist ohne Mut.

GODEWIN

Wenn diese Schmähungen dich selbst nicht treffen sollen,
So komm, so weißt du schon, wie wir sie enden wollen.   480

ULFO

Ja! brauche nur dein Schwert, jedoch nicht wider mich.
Ich bin's nicht, der dich schimpft, die Knechtschaft schimpfet
                                          dich:
Find ich denn überall, so eifrig ich hier suche,
Kein Herz, das edel sei und das der Herrschaft fluche?
Rühmt mir denn jeder nur des Königs Gütigkeit?   485
Ist keiner, der sich nicht ihm zu gehorchen freut?
Weiß denn Canut allein das Kunststück auf der Erde,

2. Aufzug, 4. Auftritt

Wie man vergöttert sei, doch nicht beneidet werde?
Fast jeden weck ich auf, den ich nur finden kann,
Doch jeder höret mich mit Haß und Schauer an.   490
Die Ehre des Canut sucht jeder zu erheben;
Doch keiner hat das Herz, nach gleichem Ruhm zu streben.
Sind diese Zeiten denn so ganz von Helden leer?
Ist denn ihr ganzer Schmuck Canut und niemand mehr?
Wo sind die Jahre hin, da nur der Streit ergetzte,   495
Da jeder nur sich selbst der Krone würdig schätzte,
Da, wenn ein tapfrer Arm kaum seine Kraft erkannt,
Er, untertan zu sein, für sich zu schimpflich fand,
Sich aus dem Staube hub, ein Heer zusammenraffte
Und sich Gelegenheit zu großen Taten schaffte,   500
Da sich ein edler Geist durch Trutz und Unruh wies
Und widerspenstig sein doch kein Verbrechen hieß?
Das Feld ward, da man es noch nicht bepflügen lernte,
Mit Leichen nur besät und trug nur Ruhm zur Ernte.
Itzt glaubt ein jeder sich als Untertan beglückt,   505
Die Güte des Canut hat allen Mut erstickt.
Die Stolzen lieben schon der Herrschaft sanfte Bande,
Und ein Verzagter hält den Ehrgeiz fast für Schande.
Erwache, Godewin, aus der Verdrossenheit,
Erhebe dich mit mir zu der Unsterblichkeit.   510
Gehorchen ist ein Ruhm, doch nur für schlechte Seelen:
Für größre Geister ist die Ehre, zu befehlen.
Erkläre dich mit mir als Feind von dem Canut,
Was du aus Haß nicht tust, das tu aus Heldenmut.
Gib wenigstens von dir der Nachwelt was zu melden.   515
Sie sag einst: Diese Zeit war unfruchtbar an Helden;
Drei Geister waren doch zu großen Taten kühn,
Erst Ulfo, dann Canut und endlich Godewin.

GODEWIN

Ich fodre keinen Ruhm, der aus dem Unrecht grünet,
Der sich durch Unglück nährt und der nur Fluch
                                    verdienet.   520

32   2. Aufzug, 4. Auftritt

Eh roste dieses Schwert in unberühmter Ruh,
Eh es, bekannt zu sein, der Pflicht zuwidertu.
Such nur aus Heldenmut des Landes Glück zu stören:
Ich will verzagter sein und meinen König ehren.
Wenn unter ihm durch mich ein Feind der Ruh erliegt,   525
Den Ruhm halt ich für groß, mit dem bin ich vergnügt.
Vielleicht wird dich und mich dereinst die Nachwelt nennen,
Mich wird sie als getreu, dich als Verräter kennen.

ULFO

Ich seh schon, daß dein Geist nie edle Taten wagt.
Ich nannte dich mit Recht feig, sklavisch und verzagt.   530
Begehrest du Beweis, nimm ihn von meinem Degen!

GODEWIN

Ich fodre den Beweis und will ihn widerlegen.

ESTRITHE

Wohin? Unglückliche!

GODEWIN

Komm, Ulfo, folge mir.

ESTRITHE

Was tust du, Godewin? Ach, Ulfo, bleib doch hier.

ULFO

Ich will dich wiedersehn.

ESTRITHE

Nein! itzt mußt du mich hören.   535

ULFO

Man rufet mich zum Kampf, und ich soll mich entehren?

ESTRITHE

Ein Augenblick Verzug tut nichts zu deiner Schmach!

ULFO

So geh denn, Godewin, und glaub, ich folge nach.

FÜNFTER AUFTRITT

Ulfo. Estrithe.

ESTRITHE

Ich will nicht dem Gesetz der Ehre widerstehen.
Du hast den Streit erregt und darfst ihm nicht entgehen. 540
Doch, daß dein hartes Herz, das nur von Mordgier brennt,
Estrithen nicht einmal ein Lebewohl vergönnt,
Daß du, indem ich seh, wie du mich hintergangen,
Mir nicht einmal erlaubst, dich, Falscher, zu umfangen,
Denk, ist dies nicht zu viel? ist dies nicht Grausamkeit? 545
Ist's möglich zwar vielleicht, daß noch dein Herz sich scheut,
Du fürchtest wohl, daß ich mich nur beklagen wollte,
Und meinst, ich hasse dich, weil ich dich hassen sollte.
Nein! du hast schon geprüft, daß ich nicht hassen kann.
Ach! wüßt ich alles nur, was du an mir getan! 550
Ich hör itzt sonst von nichts als deinem Frevel sprechen,
Ein jeder Augenblick zeigt mir ein neu Verbrechen.
Was ich sonst so beweint, das scheint mir itzt nur klein.
Du lehrst mich, Grausamer, dir alles zu verzeihn.
Daß du mein ängstlich Flehn durch falsche Reu
                          betrogen, 555
Mich selbst in den Verrat, auf den du denkst, gezogen
Und daß dein trotzig Herz an der Versöhnung Statt,
Die du zu stiften kamst, nur Haß zur Absicht hat,
Daß du den tollen Zweck vor aller Welt entdeckest
Und mich vor deiner Wut betrübten Folgen schreckest, 560
Daß du durch einen Ruf, der andrer Ehre raubt,
Mein Herz, das Lügen haßt, an dich zu ziehn geglaubt,
Den, der dich überweist, durch neuen Schimpf beleidigst,

2. Aufzug, 5. Auftritt

Verleumdungen ersinnst und sie durch Mord verteidigst:
So viel Verbrechen zeigt mir fast ein Augenblick. 565
Grausamer, fahr nur fort, es ist noch mehr zurück,
Eröffne, was man mir aus Mitleid will verhehlen.
Da du kein Mitleid hast, kannst du mir es erzählen.
Ich bat bei dem Canut für dein und mein Vergehn,
Weil dich das Flehen schimpft, erspart ich dir das Flehn. 570
Ich nahm auf mich allein, was du allein verbrochen.
Du kennst schon den Canut, du wurdest losgesprochen.
Doch da ich ihm erwähnt, um ihn gerührt zu sehn,
Daß ich dich liebe, sei auf seinen Wink geschehn,
Da ich von dem Befehl, den du mir brachtest, sage, 575
Antwortet er darauf, daß ich dich nur verklage.
Sprich, was ist dein Vergehn, wie kann dies möglich sein?
So gab dich mir Canut nicht zum Gemahle?

ULFO

Nein!

ESTRITHE

Und sein Befehl, zu tun, was du von mir begehret,
Die Schrift von seiner Hand?

ULFO

Die hab ich falsch erkläret. 580

ESTRITHE

Verräter!

ULFO

Dieses Glück, daß du mein eigen bist,
Daß ich dein Herz erhielt, dank ich bloß meiner List.
Ich sollte, wo du warst, des Sveno Aufruhr stören.
Durch dich und ohne Heer, versprach ich, ihm zu wehren.
Ein Wort verlangt ich nur von deines Bruders Hand, 585
Ich wüßte seinen Wink und sei an dich gesandt.

2. Aufzug, 5. Auftritt

Dies Wort, dies mußte mir zu besserm Zwecke nützen,
Und kurz, ich liebte dich, drum mußt ich dich besitzen.

ESTRITHE

Du liebtest, sagest du? Was tat ich dir, Barbar,
Daß ich, gequält zu sein, von dir erlesen war?   590
Daß du dich durch Betrug in dieses Herz gedrungen,
Mich meiner Pflicht entführt, mich dein zu sein gezwungen
Und durch verfluchte List, die nun dein Herz belacht,
Aufrührisch, ungetreu und dir selbst gleichgemacht?
Unwissend hab ich selbst, als Beistand deiner Taten,   595
Den Godewin verletzt und den Canut verraten.
Was tat ich nicht bisher, was litt ich nicht für dich?
Nur meine Pflicht, sonst nichts, war noch ein Trost für mich.
Ach! was wird künftig sein? was kann mir Trost versprechen?
Selbst daß ich dieses litt, war auch noch ein Verbrechen.   600
Grausamer! Ach Canut! Ach Pflicht! Ach Godewin!

ULFO

Ist deine Pflicht dein Trost; den kann dir nichts entziehn:
Du hast sonst keine Pflicht als die, nur mich zu lieben.
Halt dich an diese Pflicht, so darf dich nichts betrüben.
Wiß, ich bin dein Gemahl!

ESTRITHE

              Gemahl! Ach schwere Pflicht!   605
Du foderst Liebe zwar, doch du verdienst sie nicht.

ULFO

Ist der nicht liebenswert, der nur nach Ruhme jaget?
Verdient der keinen Ruhm, der große Taten waget?
Ich eile, du sollst sehn, daß Ulfo deiner Treu
Weit mehr als Godewin und einzig würdig sei.   610

ESTRITHE

Wohin? Ach! Grausamer! Den, dem ich untreu worden,

Den, dem du mich geraubt, den willst du noch ermorden.
Ach! trage denn nur ich das Joch von meiner Pflicht?
Indes daß mein Gemahl der Menschheit Pflichten bricht.
Sieh doch! dies Herz, das du geraubt, gequält, betrogen, 615
Wird immer noch zu dir bloß durch die Pflicht gezogen.
Ach! höre doch dies Herz, und bist du mein Gemahl:
So häufe doch nicht stets durch Frevel meine Qual.
Hör doch. Ich liebe dich. Willst du mich denn noch kränken?
Willst du mir nicht sein Blut für meine Liebe schenken? 620

ULFO

Die Ehre sieht sein Blut schon als ihr Opfer an,
Wie meinst du, daß ich es der Liebe schenken kann?

ESTRITHE

Nein! sollt ich zwischen euch von deinem Schwert erblassen,
Ich kann die Barbarei euch nicht vollstrecken lassen.
Ich eile, Grausamer, und bitte den Canut 625
Um Hülfe für euch selbst und wider eure Wut.
Ich weiß, er ist gerecht und wird die Mordgier dämpfen.

ULFO

Da du zu bitten gehst, geh ich indes zu kämpfen.

Dritter Aufzug

ERSTER AUFTRITT

Canut. Estrithe. Haquin.

ESTRITHE

Vielleicht eilt ihre Brust den Schwertern schon entgegen.
Es rauchen schon vielleicht die blutbespritzte Degen, 630

3. Aufzug, 1. Auftritt   37

Und wenn ihr Arm erfüllt, was ihre Wut gedroht,
Ist dieser Augenblick vielleicht des einen Tod.
Mit Bitten hab ich kaum, eh sie den Streit begonnen,
Ein Wort voll Ungeduld vom Ulfo noch gewonnen.

HAQUIN

Hier ist bei deinem Schloß der Schauplatz von dem
                                        Streit.   635
Herr, es sieht alles Volk auf ihre Tapferkeit.
Ich sah, es stund umher, mit aufmerksamem Schweigen,
In einen Kreis gedrängt, ein ganzes Heer von Zeugen.
Die Kämpfer, die voll Zorn so wie voll Großmut sind,
Bestimmten ihren Platz und teilten Sonn und Wind.   640
Ihr unerschrockner Arm ficht über großen Rechten;
Denn der muß seinen Ruhm und der sein Wort verfechten.

ESTRITHE

Du billigst noch, Haquin, die mörderische Wut?
So ist ihr Richter denn ihr Schwert und nicht Canut?
Soll, um ein eitles Wort nicht ungestraft zu lassen,   645
Im Frieden, durch sich selbst, der Helden Kern erblassen?
Selbst vor dem Angesicht des Königs, den ihr ehrt,
Verschwendet ihr das Blut, das doch nur ihm gehört?
Damit ein Held nicht darf bei falschem Schimpf erröten,
Muß der Beleidiger, wen er verletzt, noch töten,   650
Wo nicht ein gütig Glück für den Beschimpften wacht,
Ihn erst wahrhaftig schimpft und ihn zum Mörder macht.
So werd ich, nein! Canut, dies läßt du nicht geschehen,
Als Mörder oder tot den Ulfo wiedersehen?
Sein Blut zwar schätz ich nicht für mehr als seinen
                                        Ruhm: 655
Vergießt er es für dich, es ist dein Eigentum.
Er sterbe, soll es sein, im rühmlichen Gefechte
Als Schild des Vaterlands, als Opfer deiner Rechte.
Dann will ich seinem Tod zufriedne Tränen weihn.
Was Ehre bringt, das muß auf Recht gegründet sein.   660

38   3. Aufzug, 2. Auftritt

Doch dieses schimpfliche, dies ungerechte Wüten,
Dies macht Entsetzen, Herr, dies eile zu verbieten!

CANUT

Haquin, ruf aus dem Kampf sie beide gleich herbei.
Sag ihnen, daß ihr Blut des Vaterlandes sei,
Daß ich den wilden Mut, der Zwietracht suchet, hasse   665
Und niemand Unrecht tun noch Unrecht leiden lasse,
Daß den Beleidiger mein Arm zur Strafe zieht
Und dessen Sache führt, der sich beleidigt sieht.
Ich will nicht, daß mit mir Gewalt und Zwist regieren
Und Bürger meines Reichs mit Bürgern Kriege führen   670
Und daß man den erhebt und noch mit Ruhm bekrönt,
Der der Geselligkeit geweihte Rechte höhnt.
Den soll mein ganzes Reich aus seinen Gränzen jagen,
Die Erde soll ihn nur zu andrer Abscheu tragen,
Und an der Ehre Statt, die er durch Unrecht sucht,   675
Sei er für nichts geschätzt, beschimpfet und verflucht,
Wer sein zanksüchtig Schwert aus falschem Heldenmute
Mit anderm Blute färbt als mit des Feindes Blute.
Dies sage, ruf sie her. Gib keinem Aufenthalt.
Folgt Ulfo dir nicht nach: so führ ihn mit Gewalt.   680

ZWEITER AUFTRITT

Canut. Estrithe.

ESTRITHE

Du zürnest. Ist nun dies die Würkung meiner Zähren?
Ist dieses nun der Schutz, den du mir sollst gewähren?
Ach! warum hab ich dir des Ulfo Wut entdeckt?
Hat deine Strenge denn so wenig mich geschreckt?
Was hab ich doch getan? Aus Sorge für sein Leben   685
Hab ich ihn deinem Zorn zum Opfer übergeben.

3. Aufzug, 2. Auftritt

CANUT

Estrithe, fürchte nichts. Er ist durch dich beschützt.
Den fällt kein Zorn von mir, den deine Liebe stützt.
Er soll, ist nicht sein Herz der Menschheit ganz entrissen,
Da er mich ehren lernt, zugleich mich lieben müssen.   690
Er fühle nur hierdurch, er sei mein Untertan,
Er überzeuge sich, daß ich ihn zwingen kann.
Glaub, ich will, um den Trutz des Ulfo zu bezähmen,
Ihn an der Strenge Statt durch Güte nur beschämen.
Ja, er soll nicht einmal erfahren, was ich weiß.   695
Sein härtestes Vergehn verberg ich ihm mit Fleiß.
Estrithe, solltest du sein ganzes Herz erst kennen,
Du würdest gegen ihn mich allzu gütig nennen.

ESTRITHE

Ich kenne ja dies Herz und weiß, wie stolz es ist,
Wie schlecht es deine Huld und seine Pflicht ermißt.   700
Doch für dies Herz, das ich mit Tränen oft bestritten,
Das ich nicht beugen kann, für dies muß ich noch bitten.
Ich weiß, ohn dein Gebot durch schimpflichen Betrug
Hat er mein Herz geraubt.

CANUT

Du weißt noch nicht genug.

ESTRITHE

Ach, leider weiß ich wohl, was ich verhindern wollte,   705
Was ich nicht sagen kann und ach! doch sagen sollte.
Ach! soll ich Klägerin bei seinem Frevel sein?
Doch er betrifft ja dich. Ach! soll ich reden? Nein!

CANUT

Du darfst nur ohne Furcht mit mir von allem sprechen.
Was du dem Bruder sagst, wird nie der König rächen.   710
Werd ich nicht mehr von dir für diesen Freund geschätzt,
Der alles wissen darf, was dich in Sorge setzt,

40   3. Aufzug, 2. Auftritt

Dem du, um nicht allein und hülflos dich zu quälen,
Auch dein geheimstes Leid geruhig darfst erzählen?
Ich merk es allzusehr, ein Kummer martert dich.   715
Was dein Gemahl auch tut, ja wär es wider mich:
Sprich nur, es bleibt bei mir in tiefen Finsternissen.
Wer nicht zu strafen liebt, muß, was er hört, nicht wissen.
Ich seh, daß dein Gesicht bei diesem Wort erbleicht.
Was du verschweigen willst, das weiß ich schon
                                        vielleicht.   720
Ich weiß, wie irrig ihn sein wilder Ehrgeiz leitet.
Es sagt mir alle Welt, was er mir zubereitet
Und wie die Ruhmbegier sein stolzes Herz empört,
Das, um nur groß zu sein, mir stete Feindschaft schwört.
Als wäre dieser Haß zu schön, ihn zu verstecken,   725
Sucht er sich öffentlich Gehülfen zu erwecken,
Wirbt Feinde wider mich, wo er sie finden kann,
Und kündigt mir den Krieg in meinen Mauern an.

                    ESTRITHE
Wahr ist's. Sein Fehl ist groß. Doch, Herr, so sehr er wütet,
Ein Thron steht allzufest, den so viel Gunst behütet,   730
Und sein vergebliches, sein törichtes Bemühn
Ist nur zu deinem Ruhm und seiner Schande kühn.
Er suche, wen er kann, zum Aufruhr zu entzünden;
Nennt er sich deinen Feind, wo wird er Freunde finden?
Sein Haß wird gegen dich ohnmächtig und allein,   735
Verabscheut von der Welt und dir verächtlich sein.
Und wenn ihn jedermann erstaunt zurückeweiset
Und, statt ihm beizustehn, noch deinen Zepter preiset;
Wenn er aus deiner Huld und deines Volkes Treu
Gezwungen sehen muß, wie groß sein König sei: 740
Wie sollt er nicht zuletzt dies unfruchtbare Hassen,
Dem niemand Beifall gibt, beschämet fahrenlassen?
Du kannst wohl ruhig sein, solang ich ruhig bin.
O Himmel, wieviel Qual erwart ich bis dahin!
Wieviel wird, eh die Zeit kann diesen Stolz bezwingen,   745

3. Aufzug, 3. Auftritt 41

Mir seine Raserei Verdruß und Zittern bringen!
Wievielmal werd ich ihm betränt entgegengehn
Und unerhöret sein und doch von neuen flehn!
Und wenn ich mit Gewalt dem Unglück ihn entrissen,
Durch meine Marter noch sein Wohl erkaufen müssen!   750
So vieles kostet mir das unglücksvolle Band,
Worein mich sein Betrug ohn meine Neigung wand,
Das ich beweinen muß und doch aus Pflicht noch liebe,
Das, litt ich auch noch mehr, mir doch stets heilig bliebe:
Wenn einmal unser Herz mit unverfälschter Treu   755
Ein Bündnis festgestellt, daß es untrennbar sei:
Wieviel ertragen wir um dieses Bundes willen!
Wie vieles tun wir nicht, die Pflichten zu erfüllen!
Man bittet, ängstet sich, man leidet, man verzeiht,
Man sieht oft, den man liebt, zu seinem Fall bereit,   760
Man muß entschuldigen, was man doch niemals billigt,
Und büßet Fehler mit, worein man nie gewilligt.

CANUT

Ich seh, daß Ulfo kömmt. Estrithe, laß mich nun.
Itzt will ich auf sein Herz allein den Angriff tun.

DRITTER AUFTRITT

Canut. Ulfo.

CANUT

So muß ich, dich als Freund versöhnet zu umfassen,   765
Dir selbst entgegengehn und erst dich rufen lassen?
Du brauchst nicht mein Gesicht zu meiden noch zu scheun.
Mein Herz ist stets gewohnt, aufrichtig zu verzeihn.
Vom abgelegten Zorn bleibt mir kein Ernst im Blicke,
Im Herzen kein Verdruß und kein Verdacht zurücke.   770
Wer die verletzte Treu mir ernstlich wiedergibt,

42   3. Aufzug, 3. Auftritt

Und wer sie niemals brach, sind beide gleich geliebt.
Und keiner, der mich sucht, ist meines Blicks beraubet,
Wem sein Gewissen nur mich anzusehn erlaubet.
Du weißt, wie gern mein Blick vergnügte Menschen
            sieht   775
Und jeden, der mir dient, zu kennen sich bemüht:
Und du, der mich noch mehr als andre lieben sollte,
Du wärest es allein, der mich nicht sprechen wollte?
Glaub, Ulfo, dieses Band, das dich mit mir vereint,
Erfodert ein Vertraun, das dir zu fehlen scheint. 780
Du hast dies Band geknüpft, ich will es nicht zerreißen.
Eh du mich drum ersucht, hab ich es gutgeheißen.
Dies Band wird deine Treu noch künftig fester ziehn.
Doch wessen ist dies Schwert?

ULFO
    Es ist des Godewin.

CANUT

Und er?

ULFO
  Mir ist genug, daß ich ihm dies genommen. 785
Entwaffnet ist durch mich noch niemand umgekommen.

CANUT

Die Großmut seh ich zwar: wo ist die Bürgertreu?
Ich will, daß dieser Sieg hinfort der letzte sei,
Wo Glieder eines Staats gewinnen und verlieren
Und Bürger im Triumph die Nebenbürger führen. 790
Ein Sieg verdienet Ruhm, jedoch nicht jederzeit;
Dem Feinde zeige Mut, dem Freund Verträglichkeit.
Du sollst dem Godewin dies Schwert zurückegeben.

ULFO

Ich gab ihm mehr als dies: denn ich schenkt ihm das Leben.

3. Aufzug, 3. Auftritt

CANUT

Was seh ich hier für Blut, das deine Kleider netzt?   795

ULFO

Eh ich dies Schwert ersiegt, so hat es mich verletzt.

CANUT

So hast du deinen Sieg nicht ohne Müh gefunden?

ULFO

Er bringt mir Ruhm genug und kostet wenig Wunden.

CANUT

Du leidest, daß dies Blut so ungehindert fließt?

ULFO

Es fließet ohne Schimpf, weil es gerächet ist.   800

CANUT

Um es gestillt zu sehn, darfst du dich nur entfernen.

ULFO

Du weißt, daß ich mein Blut schon längst verachten lernen.
Vor Wunden ist noch nie mein Angesicht verblaßt.
Fahr fort und rede nur, was du zu sprechen hast.
Zu tun, wozu mich Mut und Ehrbegierde treiben,   805
Wird stets noch Blut genug in mir zurückebleiben.

CANUT

Für diesen Mut, der stets zu deiner Ehre wacht,
Hab ich ein würdig Werk, das ihn vergnügt, erdacht.
Du klagst, daß ich allein die Ehre zu mir reiße
Und andre nur für mich ihr Blut vergießen heiße,   810
Daß niemand unter mir unsterblich werden kann;
Ich maße mich allein des Rechts zum Himmel an;
Kein Sieg, den man erhält, werd ohne mich erfochten

Und nie ein Lorbeerkranz, als für mein Haupt, geflochten;
Ich sorge nur für mich und wolle selbst, allein, 815
Den Meinigen geliebt, den Feinden furchtbar sein.
Du weißt, ob ich das Lob, das ich vielleicht ereile,
Nicht, so wie Sorg und Schweiß, mit meinen Helden teile,
Ob jemand unbelohnt was Großes sich erkühnt
Und ob der Dank dem fehlt, der Dank von mir
                                verdient. 820
Doch andern gleich zu sein, das kann dich nicht vergnügen.
Der Ruhm ist dir zu schlecht, nur unter mir zu siegen.
Ein Sieg scheint dir kein Sieg, ist er nicht gänzlich dein.
Du selbst willst Oberhaupt und andrer Führer sein.
So nimm denn, was du suchst. Ein junger Prinz der
                                Slawen, 825
Der muntre Godschalk, will des Vaters Mörder strafen.
Den Harnisch, den er itzt zum ersten Male trägt,
Hat er voll Rachbegier mit Drohen angelegt.
Um dem gerechten Zorn den Nachdruck zu verschaffen:
So stütz ich seinen Mut durch meines Heeres Waffen. 830
Ein Haufe, der schon längst bei meinen Fahnen stand,
Von Kriegern seines Volks, die sich zu mir gewandt,
Ist ihm von mir geschenkt und will mit edlen Werken
Den hier erlangten Ruhm im Vaterland bestärken.

ULFO

Und dies erlesne Heer hast du schon fertig stehn? 835

CANUT

Es lieget vor der Stadt und wünscht, zur See zu gehn.
Den Prinzen und dies Heer geb ich dir zu regieren.
Zur Rache sollst du sie und auch zum Ruhme führen.
Der Sache ganzes Glück leg ich in deine Hand.
Des Prinzen jungen Mut bezähme dein Verstand. 840
Dein Beispiel und dein Rat soll ihm zur Richtschnur dienen,
Und ohne deinen Wink soll niemand was erkühnen.
Hier, Ulfo, hast du nun ein Feld für deinen Ruhm;

3. Aufzug, 4. Auftritt 45

Der Lorbeer, den du brichst, ist ganz dein Eigentum.
Hier laß nun deinen Mut und deine Klugheit blicken. 845
Hier kann, was dich erhebt, kein andrer unterdrücken.
Hier hast du über dir kein neidisch Oberhaupt,
Das stets dir einen Teil von deinen Taten raubt.
Du selbst wirst nun die Frucht von andrer Schweiß genießen,
Nur dir zur Ehre wird dein Heer sein Blut vergießen. 850
Ja, wenn man einst den Ruhm des Prinzen schallen hört,
Sagt noch die späte Welt, er sei durch dich gelehrt,
Und mir bleibt von dem Werk, das ich dir anbefehle,
Kein Lob, als daß ich dich dabei zum Führer wähle.
Sprich, ob dich diese Wahl zufriedenstellen wird. 855

ULFO

In dieser Wahl, Canut, hast du dich nicht geirrt.
Gib mir nur dieses Heer; auch ohne dein Ermahnen
Will ich mir schon damit den Weg zur Ehre bahnen.

CANUT

Es hat schon den Befehl. Doch hier kömmt Godewin.
Nicht anders als versöhnt, laß ich dich von mir ziehn. 860
Der Kampf soll keinen Zorn in beiden hinterlassen.
Die, so ich lieben soll, die dürfen sich nicht hassen.

VIERTER AUFTRITT

Canut. Ulfo. Godewin.

CANUT

Tritt näher, Godewin, hier nimm dein Schwert zurück,
Dies fiel aus deiner Hand durch ein gerechtes Glück.
Es war dir rühmlicher, dies Schwert besiegt verlieren, 865
Als es zum Untergang des Nebenbürgers führen.
Brauch künftig es allein für mich und für mein Reich,

Aus Pflicht und nicht aus Zorn. Umarmt euch, liebet euch!
Den Zwist, der euch getrennt, sollt ihr nicht mehr erwähnen,
Er kostet euren Ruhm und meiner Schwester Tränen.   870
Der Ausfall dieses Kampfs hat keinen ganz vergnügt:
Er ist von dir verwund't, du bist von ihm besiegt.
Griff er an deinen Ruhm: nun schenkt er dir das Leben.
So viel er erst dir nahm, hat er dir itzt gegeben.
Sieht dich dein König nur für treu und tapfer an,   875
Was rächest du ein Wort, das dich nicht schimpfen kann?
Und du, bei dem das Glück das Recht ersetzen müssen,
Denk, Ulfo, was du schon dem Godewin entrissen.
Du hast durch eine List, die kein Gesetz erlaubt,
Ein Herz, das er besaß, mit Unrecht ihm geraubt,   880
Den Ruf, der Helden Lohn, den man vor alles setzet,
Den hast du ohne Grund durch Schmähungen verletzet;
Und da er Rechenschaft von deinem Arm begehrt:
So hat des Kampfes Glück sich wider ihn erklärt.
Hier stecke dir ein Ziel, die Feindschaft zu verlassen.   885
Wer nicht beleidigt ist, der hat kein Recht zu hassen.
Dem andern Unrecht tun und noch sein Feind zu sein,
Ist nur dem Volk erlaubt, für Helden zu gemein.

ULFO

Der ist nicht mehr mein Feind, den ich schon überwunden.
Daß ich versöhnet sei, hat Godewin empfunden.   890

GODEWIN

Ich weiß, ein Unglücksfall entwandte mir mein Schwert;
Des deinen Spitze war auf meine Brust gekehrt;
Es stund in deiner Macht, das Leben mir zu nehmen;
Ich bin von dir besiegt und darf es mich nicht schämen.
Besiegt sein ist kein Schimpf, und stark sein ist kein
                                                Ruhm.   895
Die Ehre bleibt allein des Herzens Eigentum.
Nicht immer kann der Arm dem Mut an Stärke gleichen;
Ist dieser unbewegt, so muß doch jener weichen.

3. Aufzug, 5. Auftritt

Es wich mein Arm. Du weißt, war mir das Leben lieb?
Daß du es mir geschenkt, war bloß dein eigner Trieb.   900
Kein Seufzer und kein Flehn hat es von dir erhalten.
Mein Herz erwartete, geruhig zu erkalten.
Doch da du es verschont: so endet unser Zwist.
Der Kampf beschließet ihn, durch den du Sieger bist.
Nach allem, was von dir zu meiner Schmach geschehen,   905
So sollst du, wer ich sei, aus der Versöhnung sehen;
Und treff ich nur den Weg, mich dir zu zeigen, an,
Gestehn, daß man besiegt noch edel bleiben kann.

CANUT

Kommt! laßt uns dies zum Trost auch nun Estrithen sagen.

ULFO

Ich eil erst zu dem Heer, das du mir angetragen.   910

FÜNFTER AUFTRITT

ULFO

O Ehre! wer nur dich einmal geschmecket hat,
Wird stets von dir gereizt und niemals von dir satt.
Ein Sieg ist nicht genug, um Helden zu vergnügen.
Sie sammlen Sieg zu Sieg und wählen in den Siegen.
Und wie? Ich zöge hin in dein barbarisch Land,   915
Um eines Fürsten Mord, den kaum die Welt gekannt?
Canut, der sich dadurch vor mir gesichert glaubet,
Meint, daß man mir so leicht die Macht zu schaden raubet.
Wen man zu fürchten hat, dem gebe man kein Heer.
Canut nur ist mein Feind: sonst kein Sieg reizt mich
                                      mehr.   920
Nun geh ich freudenvoll, die Wunden zu verbinden;
Ich will mit größerm Ruhm bald wieder andre finden.

Vierter Aufzug

ERSTER AUFTRITT

Estrithe. Haquin.

ESTRITHE

Wie? da mir selbst Canut die frohe Botschaft bringt,
Daß endlich seine Huld des Ulfo Haß bezwingt;
Da mein Gemahl beschämt die Ehrsucht, die ihn quälet,   925
Zu besserm Zwecke lenkt und fremde Feinde wählet;
Da er voll Ungeduld schon seine Völker zählt,
Und ihm, vergnügt zu sein, nur noch sein Aufbruch fehlt:
So kömmst du noch, Haquin, den Grund von seinem Herzen
Bei seinem Könige durch Argwohn anzuschwärzen;   930
Verklagest nun zu spät die schon gestillte Wut;
Entdeckst, er rühme sich als Sieger des Canut
Und muntre durch das Lob von seinen eignen Taten
Viel hundert Helden auf, die Treue zu verraten?
Umsonst beschreibest du den Trieb, von dem er brennt,   935
Wie er sonst keinen Feind als seinen König kennt,
Und wie beredt er noch vor kurzer Zeit geschworen,
Ihn zu besänftigen, sei alle Huld verloren.
Du kennest nicht, Haquin, des Wohltuns starke Kraft,
Wie schnell es Änderung in edlen Seelen schafft,   940
Und das beschämte Herz, das dann den Feind verehret,
Wen es aus Stolz gehaßt, aus Großmut lieben lehret.

HAQUIN

Prinzessin, sprich vielmehr, du kennst den Ehrgeiz nicht,
Wenn du dir schmeicheln kannst, daß ihn die Güte bricht.
Mit Unmut fühlet er sich fremde Gunst vonnöten.   945
Wer Dank von ihm verdient, der machet ihn erröten.
Er sieht des Feindes Huld, die er gezwungen preist,
Nur für ein Denkmal an, das seine Schwäche weist,

4. Aufzug, 1. Auftritt

Und glaubt, daß er alsdann erst diesem Schimpf entgangen,
Wenn er den unterdrückt, von dem er ihn empfangen.   950

ESTRITHE

Was ist das für ein Trieb, der dich zum Kläger macht?
Wer bloß aus Eifer warnt, stützt sich nicht auf Verdacht.
Du willst vom Künftigen aus dem Vergangnen sprechen:
Sprich, wenn du sprechen willst, von itzigen Verbrechen.
Nein! Ulfo ist nicht mehr der unbiegsame Feind,   955
Dem niemand rühmlicher als ein Verräter scheint.
Umsonst hat er geglaubt, er werde nie erweichet.
Die Huld hat mehr in ihm, als er gewollt, erreichet.
Ein Strahl der Dankbarkeit, der unvermerkt erwacht,
Hat wider Willen ihn zu seiner Pflicht gebracht.   960
Sein Ehrgeiz, der allein zum Hassen ihn entzündet
Und, was er hier gesucht, nun bei den Slawen findet,
Braucht keiner Untreu mehr und nimmt das Glück erfreut,
Das ohne Laster ihm nun reine Lorbeern beut.
Verschwür er nicht auf stets sein ungestümes Wüten,   965
Warum vergnügt ihn denn des Königs Anerbieten?
Warum nähm er voll Dank ein Heer von seiner Hand
Und zög auf seinen Wink in ein entlegnes Land?
Entfernt man sich von dem, dem man zu schaden dichtet?
Wen man verfolgen will, ist man dem gern verpflichtet?   970
Sein Herz, das dem Canut nur zu gefallen denkt,
Hat ihm auch seinen Zwist mit Godewin geschenkt.

HAQUIN

Wie? dieser stolze Geist wird nun so leicht geführet?
Hat Ulfo nun ein Herz, das bloß ein Wink regieret?
Der unbiegsame Trutz, den nichts erweichen kann,   975
Soll nun verwandelt sein und nimmt Ermahnung an?
Die Zeichen schrecken mich, die dich so sehr erfreuen.
Ein Ehrgeiz, der sich zwingt, ist allezeit zu scheuen.
Daß er geschmeidig weicht, geschieht nie ohne Frucht,
Er läßt sich nur herab, wenn er zu steigen sucht.   980

50   *4. Aufzug, 2. Auftritt*

Ich geh, um jedem Schritt aufmerksam nachzustellen,
Er soll, wen er bedroht, nicht ungewarnet fällen.
Hier kömmt er? Prüfe selbst indessen seine Treu
Und sieh, aus welchem Trieb ich sein Verkläger sei.

ZWEITER AUFTRITT

Ulfo. Estrithe.

ULFO

Nun sollst du ferner nicht dich über mich beklagen,   985
Estrithe, hör nun auf, dein eignes Herz zu plagen.
Die Ursach ist getilgt, die du so sehr beweint,
Canut kann sicher sein, ich bin nicht mehr sein Feind.

ESTRITHE

Wie? so kann ich einmal mit Freuden dich erblicken?
Darf meine Zärtlichkeit kein Seufzer mehr ersticken?   990
Mein Herz, das dir so oft der Liebe Proben gibt,
Soll nun auch einmal sehn, daß Ulfo wiederliebt?
Sprich, welcher Zufall hat mir dieses Glück bescheret
Und meinen Tränen noch dies Wunderwerk gewähret?
Was bringt, da ich bestürzt die Hoffnung selbst verlor,   995
In deinem Herzen noch den edlen Trieb hervor?
Doch sage, darf ich auch mich auf dein Wort verlassen?
Ist nun dein Ruhm vergnügt? hörst du nun auf zu hassen?
Ist's wahr, daß du versöhnt in ferne Kriege ziehst?

ULFO

Wie zweifelst du an dem, was du vor Augen siehst?   1000

ESTRITHE

Verzeih, daß dieses Herz, das du in Furcht gesetzet,
Zu glauben nicht gewagt, was mich so sehr ergötzet.

4. Aufzug, 2. Auftritt 51

Der Ausgang, der so oft mein Hoffen widerlegt,
Hat meiner bangen Brust dies Mißtraun eingeprägt.
O möchten doch einmal so vieler [Güte] Zeichen,　　1005
Geliebtester, dein Herz, nach dem man strebt, erreichen!
Möcht ich dich den Canut nach abgeschworner List
So ernstlich lieben sehn, als er dir günstig ist.
Möcht ich doch im Gemahl nicht mehr zu meinem Schrecken
Nach längst versprochner Ruh stets neuen Haß
　　　　　　　　　　　　　　entdecken!　　1010
Ach! sind denn nun einmal die frohen Tage da,
Die ich so oft gewünscht und nie erscheinen sah!

ULFO

Doch da mich Ruhm und Pflicht von deiner Seite trennen,
Sprich, wirst du mich auch noch abwesend lieben können?

ESTRITHE

Wie? du entferntest dich? und ich verweilte hier?　　1015
Da du mich erst vergnügst, verbannst du mich von dir?
Nein! Pflicht und Ruhm, die dich hier nicht verweilen
　　　　　　　　　　　　　　heißen,
Erdenken kein Gesetz, um mich von dir zu reißen.
Ich bin der nachgefolgt, da Mangel und Gefahr
Noch die erträglichste von meinen Sorgen war;　　1020
Da, wenn mich das Geschick mit dir in Not versenkte,
Des Unglücks Quelle mich mehr als das Unglück kränkte.
Itzt führe mich mit dir, daß ich mit gleicher Treu
Gefährtin der Gefahr, des Ruhmes Zeugin sei,
Um als Zuschauerin an den gerechten Siegen,　　1025
Die du erkämpfen sollst, mich mit dir zu vergnügen.
Wie werd ich mich erfreun, wenn du, von Mut erhitzt,
Den Arm so würdig brauchst, der so viel Kraft besitzt,
Und, ohne deinen Ruhm durch Untreu zu beflecken,
Der Feinde Schrecken wirst, doch ein gerechtes
　　　　　　　　　　　　　　Schrecken!　　1030
Wie werd ich mich erfreun, wenn meiner Liebe Pflicht

Der strengsten Schwestertreu nicht weiter widerspricht,
Wenn mich nichts kränkt, nichts zwingt, und ich in deinem
                                                    Suchen
Dir Fortgang wünschen darf, ohn dem Canut zu fluchen,
Und wenn ich ihm entzückt die Bürgschaft leisten kann,   1035
Es sei sein größter Held sein treuster Untertan!

ULFO

Nur daß auch dieses Heer, als dessen Haupt ich ziehe,
Sich mit mir um den Ruhm, auf den du hoffst, bemühe:
So bitte den Canut, daß er ins Lager geh
Und dies erlesne Volk beim Aufbruch noch beseh;   1040
Die Haufen, die indes um die gepflanzten Fahnen
Schon dicht versammlet stehn, zum Eifer zu ermahnen.

ESTRITHE

Ein so gerechter Wunsch braucht meinen Vorspruch nicht.
Er wird erhöret sein, sobald dein Mund nur spricht.
Doch weil du es begehrst, erfüll ich dein Begehren.   1045
Ich suche nichts so sehr, als deinen Ruhm zu mehren,
Wenn nur nicht dieser Ruhm den Pflichten widerstrebt
Und andrer Unglück wird, indem er dich erhebt.

DRITTER AUFTRITT

Ulfo. Godschalk.

ULFO

Sprich, Godschalk, sind nunmehr die Scharen, die uns dienen,
Auf meinen Wink bereit, sich alles zu erkühnen?   1050
Hast du in ihrer Brust ein Feuer angefacht,
Das die Gefahren trutzt und selbst den Tod verlacht?
Hast du sie angeführt, als ob sie schon den Heeren,
Die deine Rachbegier bedroht, vor Augen wären?

4. Aufzug, 3. Auftritt

Ist ihnen eingeprägt, daß sich ihr tapfrer Geist,   1055
Zum Denken zu umschränkt, bloß durch Gehorchen weist?
Und daß ihr Führer bloß den Schluß zu fassen wisse,
Wen man bekriegen soll, wen man verschonen müsse?

GODSCHALK

Dies alles und noch mehr hab ich dem Heer gesagt.
Ihr Murmeln hat darauf mein Mißtraun angeklagt,   1060
Daß man, da uns vom Feind noch weite Fluten trennen,
Schon itzt von Pflichten spricht, die sie so lange kennen.

ULFO

Sie sollen ihren Feind, eh sie vermutet, sehn.

GODSCHALK

Um ihn zu sehn, laß uns nur bald zu Schiffe gehn.
Was hilft es, daß wir uns entfernet schon bereiten?   1065
Die Zeit, die hier vergeht, verlieren wir zum Streiten.
Was hilft es, daß man hier Mut und Gehorsam preist,
Eh sich Gelegenheit sie auszuüben weist?
Wenn wir das Land erreicht, nach welchem wir uns sähnen,
Dann ist es Zeit genug, dies alles zu erwähnen.   1070

ULFO

Dies sagst du, weil dein Geist, der ohn Erfahrung denkt,
Den Weg noch nicht erkannt, der dich zum Zwecke lenkt.

GODSCHALK

Ist denn nicht dieser Zweck, des Vaters Mord zu strafen?

ULFO

Ist dieser Zweck denn nicht die Wohlfahrt deiner Slawen?

GODSCHALK

Er ist es. Doch dabei vergiß die Rache nicht!   1075

ULFO

Lern einen Weg von mir, der beides dir verspricht.
Doch, hast du auch ein Herz, das wahre Größe schätzet?
Das kein gewohnter Glanz, kein niedrig Lob ergötzet?
Das keine steile Höh, kein tiefer Abgrund schreckt,
An deren Äußerstem für dich ein Lorbeer steckt?   1080
Das für gleich schimpflich hält, sich alles Ruhms begeben,
Als in der dunkeln Schar gemeiner Helden leben?

GODSCHALK

Du fragest, ob mein Herz nach Ruhme streben kann?
Die Frage hat man mir nie ungestraft getan.

ULFO

Und gleichwohl führest du von hier zu deiner Schande   1085
Das Joch der Dienstbarkeit nach deinem Vaterlande.
Zeig nur mit diesem Volk die Wege durch das Meer,
Dem Heere folget bald vielleicht ein andres Heer.
Zuletzt wird man dahin mit Scharen über Scharen,
Dir anfangs beizustehn, dann dich zu stürzen, fahren.   1090
Dein Volk wird nicht zuerst so listig unterdrückt
Und an der Hülfe Statt ihm Fessel zugeschickt.
Sieh alle Reich umher, die schon in Ketten liegen!
Nun trifft dein kleines Land die Reih, es zu besiegen.
Und dennoch nimmst du den zu deinem Helfer an,   1095
Der dich als Nachbar haßt, als mächtig schaden kann.
Itzt eile, diesem Schlag durch Klugheit vorzukommen,
Bald ist dir auch die Macht, dir vorzusehn, benommen.
Itzt ist der Augenblick. Ein Schluß, ein Wort, ein Streich
Erobert deinem Volk der Dänen ganzes Reich.   1100
Denn hast du Zeit genug, des Vaters Tod zu rächen,
Dann, Godschalk, laß uns erst von unserm Aufbruch
                                        sprechen.

GODSCHALK

Was sagst du?

4. Aufzug, 3. Auftritt

ULFO

Du erstaunst und bebst bei meinem Rat.
Den schwachen Geist betäubt die Größe dieser Tat.
Getrost! laß dich von mir bei jedem Schritt regieren.   1105
Ich will dich bei der Hand bis zu dem Throne führen.
Halb träumend, eh du selbst begreifst, wie dir geschehn,
Sollst du dies Reich besiegt und dich gekrönet sehn.
Ich suche nichts für mich und find ein wahr Ergötzen,
Nicht König selbst zu sein, nur Könige zu setzen.   1110
Reizt dich die Macht, der Ruhm, die Krone des Canut,
Zu werden, was er ist, brauchst du nichts mehr als Mut.
Die Bahn ist kurz und leicht, dies alles zu erlangen.
Er wird ins Lager gehn; behalt ihn da gefangen.
Es hat dein Heer und dich ein Vaterland erzeugt.   1115
Wen liebte sonst dies Heer, wär es nicht dir geneigt?
Es wird, lehrst du es nur sein wahres Wohl ermessen,
Wem es bisher gedient, im Augenblick vergessen.
Mit Recht erbeutet es nun an des Lohnes Statt
Dies Reich, für das es oft sein Blut gewaget hat.   1120

GODSCHALK

Was hör ich? Ist nun dies der Weg, mich zu erheben?
Geh! du kannst diesen Rat nur trägern Seelen geben.

ULFO

Wie? scheint dir der Entschluß, den solch ein Werk begehrt,
Die Klugheit, die Gefahr nicht edler Seelen wert?
Ist dir es denn so klein, ein ganzes Reich erbeuten,   1125
Mit einer Handvoll Volks so manches Heer bestreiten?
Sich überall umringt auf fremdem Boden sehn?
Der überlegnen Zahl doch selbst entgegengehn
Und ohne Beistand sonst, vom Schrecken bloß gestützet,
Sich einem Throne nahn, den so ein Held besitzet?   1130
Die Helden des Canut, die mancher Streit geübt,
Die ihm bisher gedient, noch mehr, die ihn geliebt,
Meinst du, die werden itzt versäumen, ihn zu retten,

Als ob sie nur zum Schein Gewehr und Arme hätten?
Ist nun noch die Gefahr für deinen Mut zu klein?   1135
Soll dieses noch ein Rat für träge Seelen sein?
Ein Großes übergibt die List zwar unsern Händen:
Doch was die List beginnt, das muß der Mut vollenden.
Prüf, ob du stark genug, um dies zu wagen, bist.
Hier kann man furchtsam sein, auch wenn man tapfer
                                         ist.   1140
Doch laß die Sorge mir, mich soll kein Fleiß verdrießen.
Die Müh nehm ich auf mich: die Frucht sollst du genießen.
Hier, Godschalk, stellet sich schon dein Gefangner ein.
Dies Ansehn, diese Macht, dies Reich sind nun bald dein.
Itzt laß den edlen Mut durch keinen Zweifel beugen,   1145
Entschließ dich, und wo nicht, entschließ dich nur zu
                                         schweigen.

VIERTER AUFTRITT

Canut. Godewin. Haquin. Ulfo. Godschalk.

ULFO

Herr, heute brech ich auf. Was nützen wir noch hier?
Den Prinz, das Heer und mich treibt gleiche Ruhmbegier.
Ich wünsche kundzutun, wie leicht ich mich begnüge;
Der Prinz wünscht Rach und Blut, das Heer wünscht Streit
                                         und Siege.   1150
Doch noch ein Blick von dir begnadige dies Heer.
Es denkt zu viel an dich, es liebet dich zu sehr,
Daß es so unvermerkt dies Reich verlassen wollte
Und seinen Eifer dir nicht erst noch zeigen sollte.
Die Majestät, der Wink, die Rede des Canut   1155
Verneu in ihrer Brust die oft gezeigte Glut,
Mit der sie neben dir nur spielend überwanden,
Den Tod verachteten und Wunden nicht empfanden,

4. Aufzug, 4. Auftritt

Sag ihnen, daß dein Ruhm mit mir und ihnen zieht
Und daß dein Auge sie noch in der Ferne sieht.   1160

CANUT

Es ruht allein auf dir, sobald du willst, zu reisen;
Denn Völker, die du führst, darf ich nicht unterweisen.
Dir hab ich sie vertraut. Die Sorg ist gänzlich dein,
Die Glut, von der du sprichst, in ihnen zu verneun.
Du würdest, wollt ich sie statt deiner siegen lehren,   1165
Als raubt ich deinen Ruhm, dich über mich beschweren.

ULFO

Doch kennt mich auch dies Heer, das mir gehorchen soll?
Wer macht es von Vertraun, von Furcht und Liebe voll,
Wenn du nicht dies Vertraun erst durch mein Lob erweckest,
Und ihm, wie du mich ehrst und wer ich sei, entdeckest?   1170
Lehr es durch deinen Mund, wem es zu folgen hat;
Mir sei dein Schwert vertraut, ich steh an deiner Statt,
Ich habe schon gezeigt, daß ich zu kriegen wisse,
Ich kenne keine Furcht und keine Hindernisse;
Darum befählest du ihm den Gehorsam an,   1175
Ohn den kein großes Werk zum Zweck gelangen kann.
Kennt mich sodann das Heer und weiß es seine Pflichten,
So kann ich sie zum Ruhm mit Nachdruck unterrichten.

CANUT

So komm denn, wird mein Lob von dir so hochgeschätzt,
Und führe mich zum Heer, dem ich dich vorgesetzt.   1180
Ich brauch ihm, wer du seist, nicht erstlich zu erzählen
Und will, statt aller Pflicht, dein Beispiel ihm empfehlen.

GODSCHALK

O Himmel! Herr, wohin? . . . Nein! dies gestatt ich nicht.

CANUT

Wie? Ulfo fodert es, und Godschalk widerspricht?

58   *4. Aufzug, 4. Auftritt*

ULFO

Wie? Niederträchtiger, so störst du selbst dein Glücke?   1185

GODSCHALK

Herr! liebest du dein Wohl, so bitt ich, bleib zurücke.

ULFO

Unglücklicher! ist dies nun meiner Lehren Kraft?

CANUT

Und sprich! was für Gefahr ...

GODSCHALK

Herr, die Gefangenschaft ...

ULFO

Verräter!

CANUT

Lehre mich doch, was du sagst, verstehen.
Sprich! warum soll ich nicht mein eignes Heer besehen?   1190

GODSCHALK

Es ist zu deinem Fall, wenn du ihm dies gewährst.
Der Anschlag ist gemacht, daß du nicht wiederkehrst.
Dies Heer, das du ihm gabst, das sollte dich umringen
Und, wenn du Fessel trügst, dann auch dein Reich
                                    bezwingen.

ULFO

Ich bot dem Törichten doch Kron und Zepter an,   1195
Und er hat nicht den Mut, daß er nur schweigen kann.

CANUT

Und du gestehst die Tat?

4. Aufzug, 4. Auftritt

ULFO
Wie sollt ich sie verhehlen?
Mein Anschlag war so groß! ach! mußt er denn verfehlen?

CANUT
Haquin, befiehl der Wacht, daß sie ihn mit sich führt.

ULFO
Was hilft es, daß ein Herz der Trieb nach Ehre rührt,   1200
Wenn andre träge sind, und sucht man sie zu heben,
Doch immer mit Gewalt zur Erde niederstreben?
Wenn es der schönsten Tat stets an Gehülfen fehlt
Und wenn man Prinzen selbst zu den Verzagten zählt?
Zu neidisches Geschick, das meine Werke störet!   1205
Wird meine Ruhmbegier denn nie von dir erhöret?
Daß doch dein Eigensinn, der edle Geister drückt,
Nicht einen Augenblick den größten Mut beglückt!
Nun bin ich, dir zur Schmach, erniedrigt und verlassen,
Nun hilft nicht Mut, nicht List, und niemand scheut mein
                                        Hassen.   1210
Der oft betrogne Feind lernt endlich klüger sein
Und windet meinen Arm in schlechte Ketten ein.
Du raubst mir alles hin und kannst nichts wiedergeben.
Du hast noch nicht genug: Hier hast du auch mein Leben.

GODEWIN
Was tust du?

ULFO
Weich zurück!

GODEWIN
Halt ein!

ULFO
Wie? Godewin,   1215

So schimpflich nahm ich dir den Degen nicht vorhin.
Canut! nun kann einmal dein Thron gesichert prangen.
Hier ist die Wache. Kommt und führt mich nur gefangen.
Verwundert ihr euch nicht, daß ich euch folgen muß?
Sonst furchtet ihr mich mehr, dort bei dem Helgafluß.   1220

FÜNFTER AUFTRITT

Canut. Godewin. Godschalk.

GODEWIN
Herr! laß, eh du ihn strafst, doch deinen Zorn verrauchen.

CANUT
Sein Frevel, nicht mein Zorn, heißt mich die Schärfe
                              brauchen.

GODEWIN
Er ist der Strafe wert, doch du kannst ja verzeihn.

CANUT
Die Strenge schmerzet mich: die Huld wird mich gereun.
Prinz, dessen junges Herz der falsche Glanz nicht blendet,   1225
Der oft den klügsten Greis noch spät zur Untreu wendet,
Geh, zeig auch deinem Heer das Beispiel deiner Treu,
Sei selbst ihr Oberhaupt, sieh, ob es ruhig sei.
Der Mut, die Redlichkeit, die deine Jugend zieren,
Die machten dich schon wert, ein größres Heer zu führen.   1230

GODSCHALK
Dies Heer wird ewig fest in seiner Treu bestehn
Und mit Verlangen nur nach Ulfons Strafe sehn.

GODEWIN
Herr, denke, du bestrafst in ihm zugleich Estrithen.

CANUT
Komm! folge mir zu ihr.

GODEWIN
Doch hör auch auf ihr Bitten.

Fünfter Aufzug

ERSTER AUFTRITT

Godewin. Estrithe.

GODEWIN
Verlaß dich doch getrost auf deiner Tränen Kraft.   1235
Nein! ihnen widerstehn wär allzu frevelhaft;
Sie würden manches Herz, das sie mit Leid durchdringen,
So weit, als kaum vielleicht die Pflicht erlaubte, bringen:
Sollt Ulfo denn allein bei so gerechtem Flehn
Sich selbst zum Besten nicht die Menschlichkeit gestehn? 1240
Der gütigste Canut verspricht, ihm zu verzeihen.
Die Tat ist schon geschenkt, er darf sie nur bereuen.
Ein einzig Wort von ihm, daß er sich schuldig nennt,
Soll alle Strafe sein, die man ihm zuerkennt.
Itzt wird er hergeführt: bitt ihn, dies Wort zu sprechen! 1245
Ich weiß, sein eignes Herz zeigt ihm schon sein Verbrechen.
Ihn rührt des Königs Huld und daß er dich betrübt;
Und meinst du, daß ein Held nicht auch das Leben liebt?
Wie sollt er fühllos sein, wenn sich mit deinem Weinen
Erkenntlichkeit und Recht und die Natur vereinen   1250
Und alles, was nur je ein Herz gefangennimmt
Und was nur Reu erweckt, in ihm zusammenstimmt?

ESTRITHE
Umsonst bemühst du dich für sein verlornes Leben.

5. Aufzug, 1. Auftritt

Wenn alles dich erhört, wird er dir widerstreben.
Zu großmutsvoller Freund, stell deinen Eifer ein; 1255
Sein Herz ist nicht geschickt, um etwas zu bereun.
Er weiß nichts Schimpflichers, als sich verzeihn zu lassen,
Und eh er bitten wird, eh wählt er zu erblassen.
Ich kenne schon den Stolz, der niemals sich vergißt:
Ich habe schon geprüft, wie unbewegt er ist. 1260
Wie könnt ich ihm vertraun? Was könnt ich wohl erlangen?
O Himmel! sovielmal hat er mich hintergangen!
Gelobt er nicht erst itzt, da er auf Bosheit sann,
Mit falscher Freundlichkeit mir die Versöhnung an?
Ach! seine letzte Wut entreißt mir alles Hoffen. 1265
Was tät ich, hätte sie diesmal ihr Ziel getroffen?
Verführt ich den Canut nicht selbst zu so viel Huld?
Wenn er ins Lager ging: so war es meine Schuld.
Betrübte Willigkeit! bald hätte mein Gewissen
Von mir des Bruders Blut verzweifelnd fodern müssen. 1270
Wer sieht den tiefen Grund von Ulfons Herzen ein?
Kann jemals so viel Mut bei so viel Lastern sein?
Gesetzt, daß wir ihn itzt zur Reu bewogen hätten,
Weißt du, ob wir ihn nicht zu neuem Frevel retten?
Ob er sein Leben nicht nur darum noch erhält, 1275
Damit er endlich den, der es ihm schenket, fällt?
Nein! ich kann nicht auf mich des Reiches Unglück laden.
Scheint er erweicht zu sein, so ist es, um zu schaden.
O tödlich harter Zwang! o Schicksal voller Pein!
Ach! er ist mein Gemahl, und er muß hülflos sein! 1280
Wie schwerlich kann ihn doch mein Herz verloren sehen!
Doch ach! was kann ich tun? es ist um ihn geschehen!

GODEWIN

Ist's möglich? Da sein Herr und Richter ihm verziehn,
Sprichst du an dessen Statt das Urteil über ihn?
Grausame, den Gemahl, um den du mich verlassen, 1285
Verdammest du nun selbst so ruhig, zu erblassen.
Hilf ihm doch seinem Wohl nicht auch noch widerstehn.

5. Aufzug, 2. Auftritt

Muß man auch noch zu dir um seine Rettung flehn?
Am Abgrund, wo er steht, sollst du ihm Hülfe reichen
Und bist noch weniger als Ulfo zu erweichen.   1290
Spricht dein Gewissen denn allein für den Canut?
Empfiehlt es dir denn nicht auch des Gemahles Blut?
Was fürchtest du, wenn ihn dein Bitten wiederbrächte,
Daß nur sein stolzes Herz auf neuen Frevel dächte?
Wach du für den Gemahl, laß andern ihre Pflicht;   1295
Die Wohlfahrt des Canut sei deine Sorge nicht.
Kann denn so mancher Arm, der Feinde Fall und Schrecken,
Vor eines Menschen Haß nicht unsern König decken?
Zum Meuchelmord zu stolz und zur Gewalt zu schwach,
Zieht Ulfons Wut nur ihm, sonst niemand, Schaden
                                                  nach.   1300
Kannst du dem Unglück ihn so sorglos übergeben:
Nein! ich bin nicht so hart; *er* schenkte mir das Leben.
So muß ich denn, da sich in dir kein Mitleid regt,
Versuchen, ob mein Flehn ihn ohne dich bewegt.
Vermöcht ich nur vor ihm die Tränen zu vergießen,   1305
Die so beredt und stark aus deinen Augen fließen!
Hätt ich die Zärtlichkeit und dieser Worte Kraft,
Die du nicht brauchen willst und die doch alles schafft!
Hier ist er. Willst du nicht sein Wohl von ihm erbitten?

ESTRITHE

O Himmel! welcher Stolz blickt noch aus seinen
                                        Schritten!   1310

ZWEITER AUFTRITT

Estrithe. Godewin. Ulfo, von Wache begleitet.

ULFO

Was führt man mich hieher? ich will zum Tode gehn.
Wer will hier seine Lust an meinem Falle sehn?

64   5. Aufzug, 2. Auftritt

GODEWIN

Aus Mitleid ruft man dich, bloß um dich zu befreien.
Dein Fehl ist schon verziehn.

ULFO

                    Und wer soll mir verzeihen?

GODEWIN

Dein König.

ULFO

          Bloß die Macht erhebt ihn über mich.   1315
Hat er mehr Ruhmbegier, hat er mehr Mut als ich?

GODEWIN

Verehr die Macht, zu der ihn Recht und Gott erheben.
Der Himmel konnte sie nie einem Größern geben.
Zum Herrschen braucht man mehr als Ruhmbegier und Mut.
Die Wut entstellet dich, die Huld schmückt den Canut.   1320
In wem die Billigkeit bei edlem Ehrgeiz wohnet,
Wer stets voll Mitleid straft, stets freudenvoll belohnet,
Wer aus der Menschen Wohl sich selbst Gesetze nimmt,
Den hat selbst die Natur zum Throne schon bestimmt.
Wo hast du einen Feind von dem Canut gefunden?   1325
Dem, welchen alles liebt, gib dich doch überwunden.
Er sieht die Untreu selbst und was du ihm getan,
Nicht als Beleidigter, nur als dein Richter an,
Als Richter, der nur wünscht, es möchte dich gereuen,
Den du vergnügen wirst, läßt du dir nur verzeihen.   1330
Freund, dessen Unglücksfall zuerst mich weinen lehrt,
Sprich, daß es dich gereut, und leb und sei geehrt!
Wenn dir es rühmlich scheint, nicht der Gewalt zu weichen:
Durch Huld besiegt zu sein, ist ja der Großmut Zeichen.

ULFO

Spar deine Tränen nur. Man führe mich zurück.   1335

5. Aufzug, 2. Auftritt   65

ESTRITHE

Wohin? ach! Grausamer! du gönnst mir keinen Blick?

ULFO

Du bist die einzige, die ich zu sprechen scheue.
Nein! fodre nur von mir nicht Demut oder Reue.
Mein Herz, das, wer ich bin, auch sterbend nicht vergißt,
Weiß, welchen Schluß es nun sich selber schuldig ist.   1340
Das Glück haßt meinen Ruhm und will mich nicht
                                                    erheben:
Was dieses mir versagt, will ich mir selber geben
Und zeigen, was es mir für Unrecht angetan
Und daß man auch durch Mut das Schicksal trutzen kann.

ESTRITHE

So trutze das Geschick, trutz es durch dein Verderben.   1345
Ist denn der Ruhm so groß, als ein Verbrecher sterben?
Daß er des Glückes Gunst, daß dich zu schlecht geschätzt,
Dein Leben und auch mich, wenn du mich liebst, ersetzt?
Doch hätte dieses Glück dich, wie du willst, geehret
Und deinen schändlichen, verfluchten Wunsch erhöret;   1350
Hätt es dir den Canut in Ketten vorgestellt:
Dann wär es erst gerecht, dann priese dich die Welt.
Erkenn, Undankbarer, die Gunst von deinem Glücke.
Sovielmal hält es dich vom Frevel schon zurücke,
Läßt dich nicht lasterhaft, als nur im Willen, sein   1355
Und stürzet mit Gewalt der Bosheit Anschlag ein.
Es läßt dich, da dein Herz sich selbst zum Schaden wütet,
Stets einen König sehn, der dir Vergebung bietet.
Wie lange suchst du Ruhm auf einer falschen Bahn?
Wähl einen Weg, wo dich das Glück nicht hindern kann.   1360
Was klagst du um das Lob, das dir so oft entgangen?
Durch Tugend würdest du es ohne Müh erlangen.

ULFO

So hör ich denn von dir erst, was die Ehre sei?

5. Aufzug, 2. Auftritt

ESTRITHE

Ihr Grund ist Redlichkeit und nicht verletzte Treu.

ULFO

Mein Ruhm kennt seinen Grund, er ruht auf kühnen
Werken.   1365
Durch Reue schwächt ich ihn, mein Tod soll ihn bestärken.

GODEWIN

Die Reu erniedrigt nicht. Nimm doch dein Leben an.

ULFO

Glaub, wär ich Godewin, ich hätt es schon getan.

GODEWIN

Vielleicht, ohn daß du sprichst, schenkt dir Canut das Leben.

ULFO

Doch wer wird mir Vertraun, Gewalt und Völker
geben?   1370

GODEWIN

Verlösch durch deine Treu, was dich darum gebracht:
So hat Canut für dich Vertrauen, Volk und Macht.

ESTRITHE

Sieh! wieviel Herzen sind, die dich zu retten trachten.

ULFO

Wenn ich mich retten ließ, ihr würdet mich verachten.

ESTRITHE

Verachtet man ein Herz, das sich als menschlich zeigt?   1375

ULFO

Doch das bewundert man, das selbst der Tod nicht beugt.

5. Aufzug, 2. Auftritt

ESTRITHE

Wie falsch ist doch der Ruhm!

ULFO

Den will ich sterbend suchen.

ESTRITHE

Den Ruhm verfluch ich nur und muß auch dich verfluchen.

ULFO

Soll dies der Abschied sein, den du mir zugedacht?

ESTRITHE

Barbar, bedenkest du, wie weit du mich gebracht?   1380
Stirb nur, Unmenschlicher, doch gib, soll ich dich missen,
Mir erst die Ruh zurück, aus der du mich gerissen.
Ich kannte keine Not und wußte nichts von dir,
Grausamer, dieses Glück beneidetest du mir,
Ohnfehlbar, weil noch was zu deiner Freude fehlte,   1385
Wenn sich kein treues Herz bei deinen Freveln quälte.
Durch Frevel gabst du mir dich selber zum Gemahl,
Und unser Bündnis war mein erster Schritt zur Qual.
Fühl einen Augenblick die Angst, die ich empfunden,
Sooft du einen Weg zu deinem Ruhm erfunden,   1390
Die ich dir teils verbarg und teils dich sehen ließ
Und gegen die dein Herz doch nie Erbarmen wies.
Wie einer, der voll Angst, mit festgebundnen Händen,
Den Dolch am Herzen fühlt und nicht weiß abzuwenden:
Sah ich stets deinen Arm zum Unglück ausgestreckt   1395
Und ohne Hülfe mich durch deinen Fall geschreckt.
Dies alles wollt ich noch verschmerzend überstehen,
Müßt ich die Frucht davon nur nicht verloren sehen:
Nach Furcht, Gefahr und Pein von tausendfacher Art
Hast du zur letzten Qual mir deinen Tod verspart.   1400
Und ich soll deiner Wut mit Zärtlichkeit begegnen
Und noch zum Abschied den, der mich so foltert, segnen?

ULFO

Du tadelst meinen Mut. Lern von mir, standhaft sein.
Die Tränen sind zu viel. Nun schließt sich deine Pein.
Vor meiner Ruhmbegier hast du umsonst gebetet.   1405
Das Glück schützt den Canut. Du siehst, ich sterb, er lebet.
Die Macht ist mir geraubt, was Großes mehr zu tun.
Ich kann nicht auf der Welt als ein Verzagter ruhn.
Drum will ich der Natur mein gnug gebrauchtes Leben,
Dem König Sicherheit, dir Frieden wiedergeben.   1410

ESTRITHE

Nun seh ich erst, warum du aus dem Leben fliehst:
Weil du kein Laster mehr hier zu begehen siehst;
Weil du nicht hoffen darfst, daß Menschen, die dich kennen,
Zu deinen Freveln dir noch künftig Mittel gönnen.
Verschieb den edlen Tod nur einen Augenblick.   1415
Vielleicht ist noch ein Ruhm, den du nicht hast, zurück.
Ich, die ich dir bisher kleinmütig widerstritten,
Ich will dich itzt noch selbst um einen Frevel bitten.
Dein Beispiel rührt mich schon, ich lerne, standhaft sein.
Wer deinen Ruhm nicht haßt, der wird dir deine Waffen
                                              leihn.   1420
Hier sieh mich unverzagt dein stolzes Knie umfassen.
Eh du die Tat verübt, sollst du mich nicht verlassen.
Nur diese Freveltat ist noch zurück für dich,
Die nimm noch mit ins Grab: Verstockter, töte mich!

ULFO

Geliebteste, steh auf und schäme dich zu weinen!   1425
Wenn seh ich den Canut?

GODEWIN

                 Itzt wird er hier erscheinen.
Auch sein Verzug bezeugt noch seine Gütigkeit,
Er läßt noch dir zur Reu und uns zum Bitten Zeit.
Hier kömmt er. Hat die Huld, die seine Stirne zieret,

5. Aufzug, 3. Auftritt   69

Für dich nur keinen Strahl, der dich mit Ehrfurcht
                                        rühret?   1430
Ist denn die Majestät, das Bild der Göttlichkeit,
Das doch der Erdkreis ehrt, für dich nur nicht geweiht?

DRITTER AUFTRITT

Canut. Estrithe. Godewin. Ulfo.

ULFO

Weil mich des Glückes Zorn in deine Hand gegeben,
Begehrst du meine Reu zum Preise für mein Leben.
Kein niederträchtig Wort hat meinen Mund befleckt,   1435
Solang mein freier Arm den Feind durchs Schwert geschreckt:
Auch itzt hoff diesen Sieg von mir nicht zu erlangen.
Mein Mut ist nicht zugleich mit meinem Arm gefangen.
Stell mich erst wiederum zu jenen Ufern hin,
Wo ich durch List und Mut dein Schrecken worden bin,   1440
Wo, da du nach dem Streit, als zum Triumph, gekommen,
Die Leichen deines Volks an deine Schiffe schwommen,
Wo mir zuerst der Sieg, dann Sicherheit gelung,
Und fodre da von mir Reu und Erniedrigung.
Denkst du nicht an den Tag, der mich zum Sieger
                                        machte,   1445
Der dir nur Schmerz und Scham, mir aber Ehre brachte?
Des Ulfo Ruhm erschallt noch von des Helga Strand,
Der Erdkreis hört erstaunt, daß ich dich überwand.
Geruhig sah ich da die Zahl von deinen Heeren,
Mit Brücken unterstützt, den breiten Strom beschweren;   1450
Getrost erwartet ich, was mir ihr Zorn gedroht,
Sie eilten in den Sieg und fanden nur den Tod;
Sie bebten, drängten sich, es brachen unter ihnen
Der Brücken Bande los, sobald ich nur erschienen;
Ihr halbersticktes Schrein rief dich noch in der Flut.   1455

Zur Rache rief es dich: doch wo war ich? Canut!
So schnell ist kaum der Blitz, indem er schlägt, verschwunden:
Ich hatte dich besiegt und ward nicht mehr gefunden.
Den unbezwinglichen, den mächtigen Canut
Zwang Ulfo ohne Macht, wodurch? durch List und Mut.   1460
Die Welt muß, wenn sie nicht der Billigkeit vergessen,
Zum mindsten meinen Ruhm einst mit dem deinen messen;
Und wenn sie auch bei dir der Siege Menge zählt,
Gestehn, daß nur das Glück zur Größe mir gefehlt.

CANUT

Du sprichst von deinem Ruhm und schweigest vom
                                        Vergehen.   1465
Sprich! reut dich dein Versehn?

ULFO

                        Ich kenne kein Versehen.
Erkenn entwaffnet noch des Überwinders Hand,
Den nicht die Tapferkeit, nur Macht und Menge band.
Was meinen Ruhm erhebt, hab ich mich stets erkühnet,
Tu nun, was deinem Ruhm und deinem Throne dienet!   1470

CANUT

Nehmt den Unwürdigen vor meinen Augen fort.
Der Tod ersticke noch sein letztes stolzes Wort.
Er müsse durch sein Blut der Welt die Lehre geben,
Wer nicht will menschlich sein, sei auch nicht wert zu leben.

ULFO

Nun bin ich erst vergnügt: nun sagt die späte Zeit: 1475
Canut hielt Ulfons Tod für seine Sicherheit.
Der Fürsten Richterschwert, der Übeltaten Rächer,
Macht Helden groß und schimpft nur niedrige Verbrecher.

ESTRITHE

Ach! bleib.

5. Aufzug, 4. Auftritt

ULFO

Leb wohl!

ESTRITHE

Wohin?

ULFO

Zum Ruhme.

ESTRITHE

Nein, verzieh,

Und sprich!

ULFO

Was ich gesagt, das widerruf ich nie.   1480

VIERTER AUFTRITT

Estrithe. Canut. Godewin.

ESTRITHE

Ach! eilt man denn so schnell, dein Urteil zu vollführen?

CANUT

Er selber fället es.

GODEWIN

Ach! Herr, laß dich doch rühren.

CANUT

Betrübet mich nicht mehr durch dies verlorne Flehn.
Muß ich nicht schon genug mir selber widerstehn?
Ist denn der Kampf so leicht, dies Urteil auszusprechen,   1485
Daß ihr ihn noch verneut, da ich es nicht kann brechen?

Ihr wißt, was ihr versucht, ihr seht, was ich getan.
Was man sonst bitten muß, bot ich ihm selber an.
Mein Eifer, wohlzutun und Güte zu erzeigen,
Erniedrigte mich fast. Doch sagt, konnt ich ihn beugen? 1490
Ihr kennet meinen Schmerz, ihr seht in meinen Sinn.
Doch denket, was ich auch der Würde schuldig bin.
So wie die Strengigkeit hat auch die Güte Schranken:
Wer die nicht fest erhält, macht selbst sein Ansehn wanken.
Ach! warum kann die Macht, die Menschen zu erfreun, 1495
Doch nicht das einzige von unsern Rechten sein?
Von allem, was das Glück den Fürsten übergeben,
Ist das betrübteste das Recht auf Tod und Leben.
Es dringt uns Strafen ab und weist zu unsrer Pein
Dem Mitleid, das uns rührt, auch Unrecht im Verzeihn. 1500

FÜNFTER AUFTRITT

Canut. Godschalk. Godewin. Estrithe.

GODSCHALK

Herr, wenn ich strafbar bin, ist es des Glücks Verbrechen.
Dies zwang mich mit Gewalt, am Ulfo dich zu rächen.
Der Degen, den mein Arm dir willig übergibt,
Ist von dem Blut gefärbt, das dich so schlecht geliebt.

ESTRITHE

Wie? Mörder! und so schnell entreißt man ihm das
                              Leben? 1505

GODEWIN

Ach!

CANUT

Doch wer hatte dir das Rachschwert übergeben?

GODSCHALK

Ich riß nur durch sein Blut mich selbst aus der Gefahr
Und gab ihm einen Tod, der mir gedrohet war.
Ich nahte mich hieher mit unbesorgtem Schritte,
Zu sagen, daß mein Heer um Ulfons Strafe bitte   1510
Und wie voll Abscheu es sich vor der Wut entsetzt,
Zu deren Werkzeug er es schlecht genug geschätzt.
Man führet ihn von dir, umringt und ohne Waffen,
Doch seine Rachbegier wußt ihm ein Schwert zu schaffen.
Er reißt der nächsten Wacht es rasend aus der Hand;   1515
Er eilet auf mich zu; ich sah ihn, und ich stand.
Kaum hatt ich Zeit genug, den Degen zu entblößen,
So ängstet mich sein Schwert mit wiederholten Stößen.
Die Wacht, die nach ihm eilt, kömmt nicht so schnell herbei:
So stürzt er schon sich selbst durch blinde Raserei: 1520
Die Brust, die sich nicht schont, fällt in des Degens Spitze,
Der nicht auf Schaden zielt, mit dem ich nur mich schütze.
Er stirbt, indem er noch mich zu durchbohren sucht,
Zum Himmel zornig blickt und dem Geschicke flucht,
Das ihn noch endlich zwingt, besieget zu erblassen   1525
Und mich nicht wenigstens mit ihm erliegen lassen.

ESTRITHE

Ach Schmerz!

CANUT

      Bezwing dich nur. Wie dauert mich sein Blut!
Warum entstellte doch die Untreu seinen Mut!
Doch ach! die Ruhmbegier, der edelste der Triebe,
Ist nichts als Raserei, zähmt ihn nicht Menschenliebe. 1530

ANHANG

JOHANN ELIAS SCHLEGEL

Gedanken zur Aufnahme des dänischen Theaters

Bei vielen Nationen ist es das Schicksal des Theaters gewesen, seine erste Bildung aus den Händen nichtswürdiger Landstreicher zu empfangen und meistenteils auf die unanständigste Weise gemißhandelt zu werden, ehe es nach und nach zu einiger Schönheit gelanget ist. Das dänische Theater genießt den Vorzug, daß es entweder nie in einer so niederträchtigen Gestalt erschienen oder daß wenigstens das Andenken davon erloschen ist; da es hingegen noch immer deutsche Komödiantenbanden gibt, welche mit den unförmlichsten und unanständigsten Vorstellungen herumziehen. Die gute, natürliche Geschicklichkeit der neuen dänischen Akteurs, da sie zumal studierte Leute sind, erweckt in mir die Hoffnung, daß durch dieselben das Kopenhagensche Theater sich nicht allein in Hochachtung erhalten, sondern auch immer mehr hervortun werde.

Da ich bemerke, daß fast jeder, der einige Einsicht in witzige Werke[1] zu haben glaubt, sich Mühe gibt, diesen neuen Akteurs Erinnerungen mitzuteilen, und daß ein jeder sie gern nach seinen Begriffen eingerichtet sehen wollte, so verleitet mich meine Liebe zu den dramatischen Gedichten und der Fleiß, welchen ich nunmehr zwölf Jahre lang, fast in allen meinen Nebenstunden, auf die Regeln des Theaters und auf Schauspiele verwendet, einige von meinen Gedanken zu eröffnen. Ich will hierbei nicht dasjenige sagen, was

1. *Witzige Werke:* Werke des Geistes. Hier eingeschränkt auf die Bedeutung: *poetische Werke.*

76   *Gedanken zur Aufnahme des dänischen Theaters*

mich selbst am meisten vergnügen würde, sondern ich will
mich an die Stelle der Nation setzen und Betrachtungen an-
stellen, wie dieselbe am besten belustiget und wie zugleich
das neue Theater ihr am nutzbarsten gemacht werden
könnte.

Ich wünschte, daß es den Akteurs bei ihrem Anfange, da
sie stets mit Erlernung neuer Stücke beschäftiget sind, nicht
an der Zeit fehlen möchte, des Abts *Hédelin von Aubignac*
,*Pratique du théâtre*‘, des *Brumois* ,*Théâtre des Grecs*‘[2], die
Erklärungen über des *Aristoteles* Dichtkunst, die Anmerkungen, die *Corneille* über seine eigenen Stücke gemacht
hat[3], die Kritiken, die in Frankreich von Zeit zu Zeit über
theatralische Werke erschienen sind, des *Riccoboni* ,*Réflexions et critiques sur les différents théâtres d'Europe*‘,
desselben ,*Réformation du théâtre*‘ (worin man doch aufmerksam sein muß, seine ungegründeten Einfälle von nützlichen Erinnerungen zu unterscheiden)[4], ferner ,*Paragone
della Poesia Tragica d'Italia con quella di Francia*‘[5], die
Vorreden, Prologen und Epilogen zu den englischen Theaterstücken, wie auch einige deutsche Schriften über die Schaubühne zu lesen. Diese Belesenheit würde ihnen statt der
Erfahrung dienen; und sie würden, ohne sich sklavisch nach
diesen Abhandlungen zu richten, daraus viel Anleitung nehmen können, was sie auf ihrem Theater versuchen sollten.

Ich sage mit Fleiß, ohne sich sklavisch darnach zu richten.
Denn jede Nation schreibt einem Theater, das ihr gefallen
soll, durch ihre verschiedenen Sitten auch verschiedene Regeln vor, und ein Stück, das für die eine Nation gemacht ist,

2. François d'Aubignacs (1604–76) ,*Pratique*‘ erschien 1657. Pierre
Brumois' (1688–1742) ,*Théâtre*‘ 1730.

3. Gemeint sind die Vorworte Corneilles zu seinen Dramen.

4. Luigi Riccoboni (1675–1753), Leiter des italienischen Theaters in
Paris. Seine ,*Réflexions*‘ erschienen 1738, ,*De la Réformation du
théâtre*‘ 1743.

5. ,*Vergleichung der tragischen Poesie Italiens mit derjenigen Frank-
reichs*‘. 1732 von J. J. Bodmer herausgegebene Schrift des Italieners
Graf Pietro dei Conti di Calepio.

Gedanken zur Aufnahme des dänischen Theaters 77

wird selten den andern ganz gefallen. Wir können uns hiervon besonders durch den großen Unterschied des französischen und des englischen Theaters überzeugen. Beide sind in ihrer Art sehr schön; und doch wird nicht leicht ein englisches Stück auf dem französischen noch ein französisches auf dem englischen Theater vollkommenen Beifall erwarten dürfen. Die Engländer lieben eine viel zusammengesetztere Verwirrung, die sich aber nicht so deutlich entwickelt wie auf dem französischen Theater, sondern nur die interessantesten Punkte der Handlung bemerkt. Die Franzosen hingegen gehen Schritt vor Schritt in der Handlung fort; sie hüten sich, den geringsten Sprung zu tun; sie dulden keine Unterbrechung durch Nebenwerke, wenngleich diese Nebenwerke zuletzt zur Vollkommenheit der Haupthandlung mit einstimmen sollten; sie wollen alles erklärt und alles umständlich erzählt haben, damit sie nichts raten und schließen dürfen, sondern bloß das Vergnügen haben, zu hören und zu empfinden. Das erstere kömmt von der Geschwindigkeit und Ungeduld im Denken her, die den Engländern eigen ist, und das andere von dem zärtlichen Gemüte der Franzosen, welches bei einer Erzählung sogleich sich für eine gewisse Person einnehmen läßt, auf dieselbe allein seine Aufmerksamkeit wendet, nichts hören will, was nicht dieselbe unmittelbar angeht, und sich auch mit Kleinigkeiten beschäftigen kann, sobald sie nur diese Person, an der sie Anteil nehmen, betreffen. Aus diesem verschiedenen Charakter beider Nationen rührt es ferner her, daß der Engländer in den Theaterstücken viel Unterredungen leidet, die nur von ferne zur Sache gehören, wenn sie ihm nur zu denken geben, und daß der Franzos hingegen bloß mit der Vorstellung der nächsten Umstände seiner Handlung beschäftiget ist. Der Engländer erwuchert dadurch viel kleine Anmerkungen über das menschliche Leben, kleine Scherze, kleine Abschilderungen der Natur, welche der Franzos nicht leichtlich auf sein Theater bringen kann, weil sie nicht geschickt sind, eine wichtige Folge in einer Handlung nach sich zu ziehen, und nur von

78 *Gedanken zur Aufnahme des dänischen Theaters*

weitem und durch Folgen der Folgen damit verknüpfet werden können. Der Franzos sieht die Liebe in seinen Schauspielen, so wie in seinem Leben, für die einzige Hauptbeschäftigung eines Herzens an, das einmal verliebt ist; er opfert ihr alle seine Gedanken auf; und er geht darin mit Seufzen, mit Bitten, mit Ehrfurcht und mit einer Zärtlichkeit zu Werke, deren Vorstellung vielen andern Nationen, die nicht mit solchem Eifer verliebt zu sein pflegen, langweilig, verdrießlich und unwahrscheinlich vorkömmt. Der Engländer läßt zwar auch bisweilen diese Leidenschaft eine große Heftigkeit erreichen, doch nur stufenweise; und ebendarum raset sie bei ihm nicht beständig, sondern sie läßt ihm Freiheit genug, auch an andere Dinge, die ihn von andern Seiten angehen, zu gedenken.

Es gibt bei der englischen Nation mehr außerordentliche und hochgetriebene Charaktere als bei der französischen. Aus diesem Grunde findet man sie auch häufiger und wunderlicher in ihren Schauspielen als andern Nationen wahrscheinlich vorkommen würde. Die Menge von Gedanken, die der Engländer sucht, macht, daß ihre Poeten keine Person in ihren Schauspielen uncharakterisiert lassen, sondern einem jeden etwas Seltenes geben, welches die Aufmerksamkeit des Zuschauers insbesondere auf sich zieht. Die Franzosen hingegen begnügen sich, nur die Hauptpersonen genau auszubilden, die andern aber nur leichthin und ohne besondere Bestimmung oder Wahl ihres Charakters reden zu lassen; wiewohl einige Franzosen darinnen weiter gehen als die andern. Ferner findet man bei den Franzosen, die sich auch in den geringsten Kleinigkeiten eine sehr ernsthafte Beschäftigung aus dem Wohlstande zu machen pflegen, eine gewisse ängstliche Höflichkeit, auch sogar in denen Stellen, wo Leute in Zwistigkeit miteinander sind. Bei den Engländern hingegen höret man die greulichen Flüche und die herzhaften Schimpfwörter, welche die freie und rohe Jugend an sich hat; man höret eine Hure, einen Hurenjäger und dergleichen alles bei seinem Namen nennen, weil man es daselbst auch

Gedanken zur Aufnahme des dänischen Theaters 79

in Gesellschaften nicht zu etwas Ungesittetem macht, solche Dinge zu nennen. Der Franzos belustiget sich an dem Geschwätze eines Kammermägdchens und eines Lakaien, welche in manchen seiner Stücke die klügsten Personen sind. Der Engländer läßt sich nur selten zu diesen Kleinigkeiten herunter, und er sieht die Torheiten der vorgestellten Personen ein, ohne daß er die Glossen der Bedienten darzu nötig hat.

Von dem Unterschiede, der sich zwischen beiden Nationen in einigen äußerlichen Umständen der Schauspiele findet, dergleichen die Einheit des Ortes ist, werde ich weiter unten zu reden Gelegenheit haben. Ich mache diese Anmerkungen bloß, um zu beweisen, daß ein Theater, welches gefallen soll, nach den besondern Sitten und nach der Gemütsbeschaffenheit einer Nation eingerichtet sein muß und daß Schauspiele von französischem Geschmacke in England und von englischem in Frankreich gleich übel angebracht sein würden. Wenn ich dieses in Deutschland schriebe, so würde ich es zugleich in der Absicht sagen, einige ebenso verwegene als unwissende Kunstrichter von ihren verkehrten Begriffen zu überführen, da sie ein Theater, welches eine so vernünftige und scharfsinnige Nation mit so vielem Vergnügen besucht, worauf sie so viele Aufmerksamkeit wendet, woran *Steele* und andere große Männer gearbeitet haben und wo man so schöne Abschilderungen der Natur und so bündige Gedanken hört, nämlich das englische Theater, deswegen für schlecht, verwirrt und barbarisch ausgeben, weil es nicht nach dem Muster des französischen eingerichtet ist und weil die Poeten in England, wie ein sinnreicher Poet, und wo ich nicht irre, *Steele*[6] selbst sagt, ihre Stücke nicht nach Rezepten machen wie das Frauenzimmer seine Puddings.

Bei Einrichtung eines neuen Theaters muß man also die Sitten und den besondern Charakter seiner Nation in Be-

6. Richard Steele (1672–1729) wurde berühmt vor allem durch die von ihm zusammen mit Joseph Addison (1672–1719) herausgegebenen *Moralischen Wochenschriften* ,*The Spectator*' (1711–12) und ,*The Tatler*' (1709 bis 1711), aber auch als Verfasser von Komödien (,*The Conscious Lover*', 1722).

trachtung ziehen und zugleich den edelsten Endzweck vor Augen haben, der durch Schauspiele überhaupt und der insonderheit bei unserer Nation erhalten werden kann.

Von dem Charakter einer Nation, insoweit er ihren Geschmack in den Schauspielen betrifft, ist es schwer, zuverlässig zu urteilen, ehe man durch die Erfahrung allerlei geprüft hat, um das Dienlichste zu behalten. Es folgt nicht, weil diese oder jene Gattung der Schauspiele gefallen hat, so werden die übrigen nicht gefallen. Ich rate also den dänischen Akteurs, nebst den Schauspielen, die sie schon haben, noch allerlei Arten zu versuchen und, soviel mir möglich ist, ihrer Nation das Vergnügen der Mannigfaltigkeit zu verschaffen. Was den gemeinen Mann außerordentlich ergetzet, findet selten unter dem Mittelstande und bei Hofe großen Beifall; zumal wenn durch die Gewohnheit, Komödien zu sehen, der Geschmack nach und nach feiner und edler wird. Der gemeine Mann kann die Feinigkeit von *Molièrens ‚Misanthropen‘*, von *Destouches‘ ‚Ruhmredigen‘*[7] und von andern solchen Stücken nicht empfinden; da dieselbigen hingegen ein sonderbares Vergnügen für den Hof sind, weil ein jeder darinnen hier und da das Bild eines seiner Bekannten zu sehen vermeint und zuweilen sein eigenes sieht. Da man Zeit genug hat, bald diese, bald eine andere Art von Schauspielen vorzustellen und also alle Klassen der Zuschauer zu vergnügen, so würde man unrecht tun, wenn man etwas unversucht ließe, das zur Belustigung eines ansehnlichen Teils derselben dienen könnte.

Etwas kann man indessen vorauswissen. Es ist nämlich nicht zu leugnen, daß man hier im Witze so weit noch nicht gekommen ist, daß die Stücke des Theaters und andere zum Unterrichte und Zeitvertreibe verfertigte Werke des Witzes oft, wie in Paris, die allgemeinen Unterredungen der Gesellschaften ausmachten. Dargegen habe ich bei meinem langen Aufenthalte in dieser Stadt aus keinen Kennzeichen schlie-

7. Philippe Néricault Destouches’ (1680–1754) berühmteste Komödie *‚Le Glorieux‘* erschien 1732.

Gedanken zur Aufnahme des dänischen Theaters 81

ßen können, daß der Geschmack verderbt wäre. Soviel Gefallen auch die Dänen an dem Ruhme finden, daß sie fremde Sprachen wohl reden, so verachten sie doch ihre Muttersprache nicht; sie haben Liebe für dieselbe. Und daß sie gleichfalls eine Liebe zu witzigen und angenehmen Stücken haben, sehe ich nicht allein aus dem verdienten Beifalle, den sie *Holbergs*[8] Komödien gegeben haben, sondern noch mehr schließe ich es aus der Aufmerksamkeit, womit man einige aus dem Deutschen übersetzte Stücke angehört hat, die nichts enthielten, das vorzüglich belustigen oder einnehmen konnte. Leute, die keine Empfindungen vom Witze haben, können durch nichts als entweder durch recht grobe Possenspiele oder durch außerordentlich schöne und einnehmende Dinge zur Aufmerksamkeit gebracht werden. Hingegen zeigt es ein Verlangen an, sich an den Werken des Witzes[9] zu vergnügen, wenn man auch bei dem Mittelmäßigen, das doch sonst seiner Natur nach einschläfert, noch aufmerksam bleibt. Ich schließe aus dieser Aufmerksamkeit, daß die Erregung der Leidenschaften hier ihre Wirkung tun wird; wenn man nämlich versucht, auch Trauerspiele auf das Theater zu bringen, die hier denjenigen, die nicht ausländische Schriften lesen, beinahe noch ganz unbekannt sind.

In den nordlichen Ländern, Deutschland mit eingerechnet, wird die Liebe auf dem Theater schwerlich den starken Eindruck in die Herzen der Zuschauer machen, den sie bei den Franzosen macht; und ich weiß kaum, ob ich dieses für einen Nachteil oder für einen Vorzug achten soll. Gleichwohl ist gewiß, daß eine Liebe, die nicht aufs Äußerste getrieben wird, allemal für die Zuschauer angenehm sein muß, wenn ihr an edeln Gesinnungen und Empfindungen zuwächst, was sie an der Heftigkeit verliert, weil doch die meisten Men-

8. Ludwig Holberg (1684–1754), bedeutendster dänischer Lustspieldichter des 18. Jahrhunderts. Von Molière und der italienischen Komödie des 17. und 18. Jahrhunderts beeinflußt, schuf er über 20 Typenkomödien, die trotz ihrem internationalen Form- und Motivbestand auf den dänischen Nationalcharakter abgestimmt sind.

9. Vgl. Fußnote 1.

82 Gedanken zur Aufnahme des dänischen Theaters

schen auf solche Art geliebt zu sein wünschen. Die Abschilderungen der Betrübnis, der Freundschaft, des Zornes, des Ehrgeizes, der Rachbegierde werden gleichfalls überall bei den Zuschauern Herzen finden, die an diesen Empfindungen teilnehmen. Einer meiner Freunde, ein geborner Däne, äußerte einmal die Meinung gegen mich, daß die Trauerspiele deswegen bei seiner Nation nicht gefallen würden, weil sie selbst zur Traurigkeit geneigt wäre. Aber gesetzt auch, man fühlte bei dem ersten Trauerspiele so viel, daß man selbst die erregte Leidenschaft unangenehm fände, so würde es damit wie mit den besten Speisen gehen, die der Zunge anfangs nicht angenehm sind, weil sie dieselbe zu stark angreifen, und die doch hernach desto besser schmekken. Es ist niemand, der an den Gemälden der verschiedenen Leidenschaften mehr Vergnügen findet als derjenige, der selbst vorzüglich zu denselben geneigt ist. Daher vergnügen sich die Engländer in ihren Trauerspielen am meisten an Abbildungen der Verzweiflung, des Entschlusses zum Selbstmorde und an den heftigsten Leidenschaften; die Franzosen hingegen am meisten an den Abbildungen der Liebe.

Nach den Urteilen geborner Dänen findet sich in dem Charakter ihrer Nation etwas Gesetztes und Gelassenes. Wenn man daraus schließen wollte, daß ausschweifend lustige Einfälle und wahre Lustigmacher-Schwänke nötig wären, dergleichen Leute aus ihrer Gleichgültigkeit zu bringen und zum Lachen zu bewegen, so würde man übel schließen. Man wird dadurch zwar mehr Lachen, aber in der Tat weniger wirkliches Vergnügen erwecken als durch einen gesitteten Scherz. Denn man muß bedenken, daß auch wohl der allergesetzteste Mensch sich oft nicht wird enthalten können, über ungereimte und grobe Dinge zu lachen, ja laut zu lachen, wofern sie sehr possierlich sind; aber daß auch er der erste sein wird, der sich schämt, gelacht zu haben, und daß sein Vergnügen nicht groß sein kann, da er wider seinen Willen gelacht hat. Ein Scherz hingegen, der Wahrheit und Feinigkeit in sich hält, ist gerade derjenige, welcher gesetzten

Gedanken zur Aufnahme des dänischen Theaters 83

Leuten das meiste Vergnügen erweckt; denn er kitzelt so lange und so oft, als man daran denkt. Solche Leute können am leichtesten bei den Abschilderungen der Torheiten von gutem Herzen lachen, weil sie durch ihre Gelassenheit mehr als andere imstande sind, die Ausschweifungen einzusehen, die oft aus einer allzugroßen Lebhaftigkeit herrühren, und weil sie nicht sich selbst zu dergleichen Torheiten geneigt finden. Die Italiäner, welche nichts weniger als gleichgültig und gelassen sind, treiben die *Buffonnerie*[10] aufs höchste, und die ernsthaften Engländer brauchen nur ein feines Salz, um Lachen zu erwecken. Die ,*Maskerade*' und die ,*Honnête Ambition*'[11] haben bisher unter allen Stücken, die ich hier aufführen gesehen, den meisten Beifall erhalten. Diesen Anmerkungen muß ich noch eine beifügen: daß ich nämlich hier weniger als an andern Orten finde, daß Leute darum angenehm und wohlgelitten werden könnten, weil sie viel haselieren[12], und daß das Frauenzimmer, welches doch keinen geringen Teil des Schauplatzes ausmacht, hier mehr als irgendwo einen Widerwillen vor plumpen Redensarten hat.

Der hier entworfene Charakter schicket sich besonders auf den Mittelstand, von welchem man meint, daß er das hiesige Theater vor allen andern unterstützen und in die Länge hinaus unterhalten werde. Er entfernet sich auch nicht gar weit von dem Charakter des hiesigen Adels, aus welchem zwar verschiedene, die ausländische Schauspiele gesehen haben, den gegenwärtigen Anfang verachten, die aber wohl bald anders Sinnes werden dürften.

Der Pöbel ist an allen Orten darinnen einerlei, daß dasjenige, was eine feine Artigkeit in sich hat, für ihn nicht gemacht ist und daß er etwas haben muß, das mit seiner groben Einbildungskraft übereinstimmt. Diejenigen, die von

10. *Buffonnerie:* ausgelassenes, possenhaftes Spiel, wie es sich besonders in den Harlekinsszenen der Commedia dell'arte findet.
11. Komödien von Holberg.
12. *Haselieren* (mhd.): unsinnig tun. Hier soviel wie: dumme, geistlose Scherze machen.

84 Gedanken zur Aufnahme des dänischen Theaters

ihrer Studierstube aus Regeln vorschreiben, halten dafür, daß man den Pöbel gar nicht achten und nichts aus Gefälligkeit für ihn tun soll; wie denn *Boileau* dieser Gefälligkeit wegen den *Molière* tadelt[13]. Diejenigen aber sind nicht so strenge, die fürs erste aus der Erfahrung urteilen, daß ein Stück, welches sich hin und wieder nach dem Pöbel bequemt, eben den Mann unterhalten helfen muß, der den ,*Misanthropen*‘ oder den ,*Britannicus*‘[14] würdig vorstellen soll, und die hierbei auch dem Pöbel ein Vergnügen nicht mißgönnen, welches doch für ihn kein Vergnügen sein würde, wenn es nicht nach seinen Begriffen eingerichtet wäre. Diese erlauben, daß man gewisse Lustspiele für den Pöbel insonderheit bestimme, die man alsdann aufführen mag, wenn er feiert und Zeit hat, den Schauplatz zu besuchen. Es ist alsdann ein Verdienst für einen klugen Kopf, wenn er auch in solchen Lustspielen das rechte Maß zu treffen und sie mit nützlichen Sittenlehren zu vermischen weiß und wenn er die Kunst versteht, indem er den Pöbel nach seiner Art belehret und ergetzt, andern, die nicht Pöbel sein wollen, zu zeigen, wie schlecht pöbelhafte Sitten stehen.

Ehe ich aber diese Anmerkungen über den Charakter der Zuschauer anwende, die Einrichtung des dänischen Theaters zu bestimmen, muß ich etwas von dem Endzwecke der theatralischen Gedichte sagen. Denn wie kann man wohl die vorteilhafteste Einrichtung einer Sache bestimmen, ohne ihren Endzweck zu erwägen?

Das Theater würde seine Natur verändern und nicht mehr unter die Ergetzlichkeiten gehören, wenn man nicht festsetzte, daß der Hauptzweck desselben in demjenigen Vergnügen beruht, welches die Nachahmung der menschlichen Handlungen erwecket. Dieses Vergnügen ist um desto edler, weil es ein Vergnügen für den Verstand und nicht allein für die Sinnen ist. Ein Stück, bei welchem noch so viel Kunst verschwendet, aber die Kunst zu ergetzen vergessen worden ist, gehört in die Stu-

13. Im 3. Gesang seiner ,*Art poétique*‘ (1674).
14. Tragödie von Racine.

Gedanken zur Aufnahme des dänischen Theaters 85

dierstube und nicht auf den Schauplatz. Ein Stück hingegen, das nur diesem Hauptzwecke Genüge tut, hat ein Recht, auch den vernünftigsten Leuten bloß aus dieser Ursache zu gefallen; wo nämlich nichts wider die guten Sitten darin enthalten ist. Was aber wider die guten Sitten streitet, kann für einen vernünftigen Menschen kein Ergetzen sein. Denn es hat in Ansehung unsers Verstandes eben die Wirkung, die das Unflätige in Ansehung unserer Sinnen hat. Wohlerzogenen und feinen Leuten erweckt es Ekel. Groben und ungeschliffenen Menschen aber kann auch der Kot zum Gelächter dienen.

Obgleich das Vergnügen der Hauptzweck des Theaters ist, so ist es doch nicht der einige Zweck desselben. Ein witziger Kopf braucht die kleinsten Gelegenheiten zu so wichtigen Dingen, als er kann; und der Hauptzweck einer Sache besteht oft in einer Kleinigkeit, da indessen dieselbe Sache noch außerdem, und gleichsam ohne Absicht, sehr wichtige Dinge befördern hilft. *Lehren* ist ohne Zweifel eine viel wichtigere Sache als Ergetzen. Gleichwohl ist das Theater, das seinem Wesen nach bloß zum Ergetzen gemacht ist, zum Lehren sehr geschickt. Es gibt Leute, die selbst die Wahrheit auf eine ungereimte Art beweisen. Und mich dünkt, es geht denen so, welche auf den Nutzen oder das Lehrreiche der Schauspiele am meisten trotzen. Sie suchen das größte Lehrreiche der Schauspiele, und der Fabeln überhaupt, darinnen, daß sie mit Mühe aus einem großen Werke eine einzige Sittenlehre ziehen, die dann und wann ziemlich gemein ist und die man ganz leicht von selbst hätte wissen können; und eine solche Sittenlehre geben sie für den Hauptzweck eines ganzen Gedichtes an. Aus der Fabel vom *Ödipus,* der, ohne es selbst zu wissen, seinen Vater erschlagen und seine Mutter geheuratet hatte, ziehen sie z. E. die Sittenlehre, daß man oft unrecht tue, ohne es zu wissen, und doch dafür gestraft werde[15]. Solche Kunstrichter wollten gern einen großen Teil

15. Auf diese Weise hatte sich unter anderem auch Gottsched im Tragödienkapitel seiner ‚*Critischen Dichtkunst*‘ (1730) mit dem Drama von Sophokles auseinandergesetzt.

86 Gedanken zur Aufnahme des dänischen Theaters

schöner Schauspiele, in welchen die Sitten und Leidenschaften vortrefflich abgemalt sind, bloß darum verworfen oder umgegossen haben, weil sich nach ihrem Kopfe nicht eine gewisse Hauptlehre aus denselben ziehen läßt; gleich als ob man große Theaterstücke mit vieler Kunst deswegen verfertigte, um eine einzige, bekannte, seichte und oft sehr unbestimmte Sittenlehre zu sagen, die man aus der Komödie eines Seiltänzers ebenfalls herleiten kann. Ein so wunderlicher Beweis gibt andern Anlaß, über das so sehr gerühmte *Lehrreiche* des Theaters zu spotten und die Sittenlehren desselben für seicht und nichtswürdig auszurufen.

In der Tat hat das Theater nicht nötig, eine andere Absicht vorzugeben als die edle Absicht, den Verstand des Menschen auf eine vernünftige Art zu ergetzen. Wenn es lehrt, so tut es solches nicht wie ein Pedant, welcher es allemal vorausverkündiget, daß er etwas Kluges sagen will; sondern wie ein Mensch, der durch seinen Umgang unterrichtet und der sich hütet, jemals zu erkennen zu geben, daß dieses seine Absicht sei. Es ist genug, wenn der Poet weiß, daß er in seinem Werke Gelegenheit hat, der Sittenlehre Dienste zu tun. Und der dramatische Poet hat diese Gelegenheit, besonders durch eine genaue und feine Abschilderung der Gemüter und Leidenschaften. Die Kenntnis des Menschen macht einen sehr wichtigen Teil der Sittenlehre aus. Diese Kenntnis besteht größtenteils in der Kenntnis der Charaktere und Leidenschaften. Das Theater ist ein Bild von beiden; und je genauer es die Natur nachahmt, das heißt je schöner es ist und je mehr es vergnügt, desto lebhafter malt es uns die Gemüter. Es ist wie eine Schilderei oder ein Riß, der manchmal uns Begriffe von Dingen macht, die wir nicht gesehen haben, und manchmal uns die Dinge in größerer Deutlichkeit zeigt, als wir sie in der Natur erblicken können. Eine solche Schilderei sondert eine Sache von den Nebenumständen ab, mit denen das Original vermischt ist. Die Natur zeigt uns den Heuchler, den Eifersüchtigen, den Spieler, den Menschenfeind nicht in demselben Lichte

Gedanken zur Aufnahme des dänischen Theaters 87

wie das Theater. Denn auf diesem ist ihr Charakter ganz einfach, ohne Vermischung anderer Tugenden und Laster. In der Natur ist er allemal mit vielen andern Dingen vermengt; und ihn unter den fremden Umständen herauszusuchen, kostet hier allemal erst dasjenige Nachdenken, welches in einem Schauspiele der Verfasser schon für uns übernommen hat.

Wer unter tausend guten Stücken, die man in allerlei Sprachen aufweisen kann, nur etliche gelesen hat, kann nicht leugnen, daß das Theater wirklich der Sittenlehre gute Dienste tut, was die Gemälde der Sitten betrifft, und daß es vorzüglich hierzu fähig ist, wenn es unter gute Hände kömmt. Aus dieser Ursache haben die allerbesten Sittenlehrer das Theater einer besondern Aufmerksamkeit gewürdigt. Ein neues Exempel davon ist, daß eben diejenigen großen Männer, denen wir den englischen ,*Zuschauer*' verdanken, ein *Steele* und ein *Addison*[16], auch für das Theater gearbeitet haben.

Daß hiernächst auch die einzelnen Sittenlehren, die in dramatischen Gedichten vorkommen, nicht zu verachten sind, kann man daraus abnehmen, daß *Hugo Grotius* fast alle Sätze des Rechts der Natur mit den übereinstimmenden Lehrsprüchen der alten theatralischen Dichter bestätigt hat[17]. Ich will mich eben nicht anheischig machen, aus den meisten neuen theatralischen Dichtern das Recht der Natur oder sonst einen praktischen Teil der Philosophie zu erläutern. Ein Freund von mir hatte sich vorgesetzt, eine Sammlung von Lehrsprüchen aus den Originalstücken einer benachbarten Nation zu machen. Aber außer einigen Zeilen, als:

Der Ausgang jeder Schlacht steht in des Schicksals Hand
und wiederum:

Jedoch der Ausgang steht doch in des Schicksals Hand
ferner:

16. Vgl. Fußnote 6.
17. In seinem Hauptwerk ,*De jure belli et pacis*' (1625).

88   Gedanken zur Aufnahme des dänischen Theaters

> ... *da des Himmels Arm die Tugend nie verläßt*

und wiederum:

> ... *er ist ein Sohn der Tugend,*
> *Und diese schützet stets des Himmels hoher Arm*

bestand seine Sammlung noch meistenteils aus lauter weißem Papiere. Hingegen glaube ich wohl, daß man aus den Lustspielen des *Molière* und einigen andern ein ganz gründliches Buch von der Artigkeit der Sitten zusammensetzen könnte. Und *Racine, Corneille, Voltaire* und die englischen Tragödienschreiber haben dann und wann Sachen gesagt, welche desto nützlicher sind, da man sie vergebens in einem moralischen Systeme suchen würde, wo man die Tugenden und Leidenschaften nur obenhin zu betrachten pflegt[18].

Ein anderer und nicht zu verachtender Endzweck der Schauspiele ist die Auszierung und Verbesserung des Verstandes bei einem ganzen Volke. Ich weiß nicht, warum die Lobredner der Schauspiele diesen Vorteil fast übergehen, da er doch gewiß so wichtig ist als der vorhergehende. Ein gutes Theater tut einem ganzen Volke eben die Dienste, die der Spiegel einem Frauenzimmer leistet, das sich putzen will. Es zeigt ihm, besonders in dem Äußerlichen des Umgangs, was übel steht und was lächerlich ist. Es gibt ihm ein Exempel von Gesprächen, von feinen Scherzen, von einer guten Art zu denken. Es bereichert den Witz der Zuschauer nach und nach mit guten und muntern Einfällen. Es erteilt einem jungen Menschen Anleitung, wie er die Welt kennenlernen und die Denkungsart der Menschen aus ihren Reden auf eben die Weise entwickeln soll, wie auf der Schaubühne die Eigen-

18. Die vier oben genannten Zitate stammen sämtlich aus den ersten zwei Akten der Tragödie ‚*Panthea*‘ von Gottscheds Ehefrau Luise Adelgunde Victorie Gottschedin (vgl. ‚*Deutsche Schaubühne*‘, 5. Thl. Leipzig 1744. S. 3, 13, 17 und 20). Die „*benachbarte Nation*“ ist also die deutsche. Man hat diese ganze Stelle in Schlegels Aufsatz wohl als versteckte, aber darum nicht weniger scharfe Invektive gegen Gottsched und die von ihm geförderte Literatur zu verstehen, zumal die französische Dichtung, die ja Gottscheds Vorbild war, von Schlegel als positives Gegenbild gesetzt wird.

Gedanken zur Aufnahme des dänischen Theaters 89

schaften und Schwachheiten der vorgestellten Personen aus
ihren Worten und Handlungen erkannt werden. Es verbrei-
tet den Geschmack an Künsten und Wissenschaften; es lehrt
auch den geringsten Bürger, Vernunftschlüsse machen und
höflicher werden. Und eben sein größter Vorteil ist, daß es
alle diese Kenntnisse und Einsichten auf eine unvermerkte
Weise auch sogar in den Kopf und in den Umgang derer zu
bringen weiß, welche mit Fleiß ihren Beruf in der Unwissenheit und im Müßiggange suchen und nichts anders tun wollen, als sich die Zeit vertreiben. Ihr Geist bildet sich, ohne
daß sie sich dessen selbst bewußt sind, nach der Art zu denken und zu reden, die sie hören; und sie werden witzig und
artig oder wenigstens erträglich im Umgange, ehe sie daran
gedacht haben, es zu werden. Die guten und artigen Sitten
der Athenienser wuchsen in dem Maße, wie der gute Geschmack ihres Theaters zunahm. Die Römer fingen zu gleicher Zeit an, höflich zu werden und ein Theater nach dem
Muster der Griechen zu haben. Die heutigen Völker werden
nach demselben Maße für gesitteter gehalten, in welchem ihr
Theater feiner und vollkommener ist. Und wenn die übrige
Auspolierung ihrer Sitten etwas darzu beigetragen hat, ihr
Theater zu verbessern, so kann man wiederum mit Grunde
behaupten, daß die Verbesserung und Aufnahme ihres Theaters zur Verbesserung ihrer Sitten etwas beigetragen hat.
Genug, man kann sagen, daß die Feinigkeit ihres Theaters
und die Feinigkeit ihrer Sitten meistenteils in einem gewissen Verhältnisse miteinander gestanden haben und daß es
damit wie mit zweenen Steinen zugegangen, welche beide
einander glatt schleifen.

Nach diesen festgesetzten Begriffen wollen wir nun unter-
suchen, was für Eigenschaften zu den neuen Stücken erfodert
werden, die man inskünftige hier aufführen wollte; wie man
zu solchen Schauspielen, welche die erfoderlichen Eigenschaften haben, am leichtesten gelangen könne und was etwa
bei der Aufführung derselben zu beobachten wäre. Denn
wenn sich das hiesige Theater auf einem beständigen Fuße

90   Gedanken zur Aufnahme des dänischen Theaters

erhalten soll, so muß man durch die Neuheit und durch die
Reinigkeit der Stücke, die man auf dasselbe bringt, nach
und nach bei den Zuschauern Geschmack an Schauspielen
und Liebe zum Theater zu erwecken suchen. Dies ist das
einzige Mittel, zu verhindern, daß das Theater eines Orts
nicht alsbald verfalle und untergehe, sondern sich, je
länger es dauert, immer mehr Zuschauer und Liebhaber er-
werbe.

So vielerlei Arten von sittlichen Handlungen es gibt, welche eine Reihe von Absichten, Mitteln und Folgen in sich
enthalten, und so vielerlei die Personen sind, von denen solche Handlungen vorgenommen werden, so vielerlei Arten
theatralischer Stücke gibt es. Wenn ich also die Handlungen
insoweit betrachte, als sie entweder das Lachen oder ernsthafte Leidenschaften erregen, und wenn ich die Personen,
ihrem Stande nach, in hohe und niedrige einteile, so werde
ich folgende Arten von Schauspielen herausbringen: *Erstlich*,
Handlungen hoher Personen, welche die Leidenschaften erregen; *zweitens*, Handlungen hoher Personen, welche das Lachen erregen; *drittens*, Handlungen niedriger Personen, welche die Leidenschaften erwecken; *viertens*, Handlungen
niedriger Personen, welche das Lachen erwecken; *fünftens*,
Handlungen hoher oder niedriger oder vermischter Personen, welche teils die Leidenschaften, teils das Lachen erregen.
Die *erste* Art von diesen Handlungen ist der Grund zu denjenigen Schauspielen, die man *Tragödien* nennt, und aus den
andern insgesamt entstehen *Komödien*, worunter auch die
Schäferspiele gehören.

Wir würden der Natur Unrecht tun und die Zuschauer
eines Vergnügens berauben, wenn wir eine von diesen Arten
der Handlungen vom Theater ausschließen wollten; und wir
haben wirklich Exempel aller dieser Arten bei den gesittet-
sten Völkern. Von der *zweiten* Art ist die Komödie ,*Amphi-
truo*'[19]; von der *dritten* die Schäferspiele, die ,*Gouvernante*'

---

19. Hier kann die Komödie von Plautus oder die gleichnamige von
Molière gemeint sein.

Gedanken zur Aufnahme des dänischen Theaters 91

des *de La Chaussée*[20]; von der *vierten* der größte Teil der Komödien; von der *fünften* der ‚*Cyklops*‘ des *Euripides*, der ‚*Ehrgeizige und die Unbedachtsame*‘ des *Destouches*[21].

Überhaupt wird weiter unten von selbst erhellen, daß die Erregung der Leidenschaften, sobald sie zum Hauptzwecke wird, das Lächerliche ausschließe; wenn aber die Erregung des Lachens der Hauptzweck ist, die Erweckung der Leidenschaften dadurch nicht gänzlich ausgeschlossen werde, sondern vielmehr ein gewisses Maß davon in den mehresten Fällen zuträglich, ja fast notwendig sei.

Von den niedrigen Personen bis zu den hohen gibt es sehr viele Grade. Und nach diesen Graden wird wiederum die Komödie von sehr verschiedener Art; und jede dieser Arten hat ihre eigenen Verdienste, wofern sie nur die Natur nachahmt, deren Ähnlichkeit die große Hauptregel des Theaters wie überhaupt aller Poesie ist.

Ich habe es desto nötiger gefunden, die große Mannigfaltigkeit der Natur, und also auch den reichen Überfluß, der dem Theater durch diese Mannigfaltigkeit zuwächst, deutlich auseinanderzusetzen; weil es viele gibt, die nur von einer einzigen Art der Komödie einen Begriff haben und die alles, was nicht nach derselben Art ist, als schlecht und unregelmäßig verwerfen, wenngleich der Poet darinnen der Natur auf dem Fuße gefolgt wäre. Derjenige, der sich seinen Begriff von der Komödie nach des *Molière* ‚*Misanthropen*‘ und dem ‚*Ruhmredigen*‘ des *Destouches* gemacht hat, hält die natürlichsten Schildereien von den Sitten des gemeinen Mannes für lüderliche *Farcen*, für plumpe Possenspiele, die keines gesitteten Zuschauers würdig sind. Und derjenige, welcher diese letztere Art der Komödie nur darum angenehm findet, weil ihn die groben Reden, die bei dem gemeinen Manne mit unterlaufen, in seinem Innersten ergetzen,

---

20. Pierre Claude Nivelle de La Chaussée (1691–1754) war der Begründer der *comédie larmoyante (weinerliches Lustspiel).* ‚*La Gouvernante*‘ erschien 1747.

21. ‚*L'Ambitieux et l'Indiscrette*‘ (1737).

92 Gedanken zur Aufnahme des dänischen Theaters

und welcher den Mund ganze Viertelstunden lang vor Lachen aufbehält, wenn er einen Schlingel nennen hört oder wenn er die Nase mit den Fingern ausschnauben sieht, hält eine Komödie für schläfrig oder hochtrabend, welche die Sitten der Hofleute auf eine feine Art durchzieht.

Der Anfang des dänischen Theaters ist damit gemacht, daß man die Handlungen des niedrigsten Standes darauf vorstellet. Und in der Tat sind es diese, wobei man den Anfang auf einem neuerrichteten Theater machen soll; weil in demselben Stande die Torheiten sich offner und ohne Schminke zeigen und also begreiflicher sind. Zuschauer, die noch nicht gewohnt sind, das Theater mit einer rechten Begierde und Aufmerksamkeit zu betrachten, können daher durch Vorstellungen, die sie am leichtesten fassen, zur Besuchung des Theaters angelockt und nach und nach vorbereitet werden, auch die Abschilderungen eines höhern Standes zu verstehen und Geschmack daran zu finden. Wenn man aber allein bei diesen Vorstellungen des niedrigen Standes stehenbliebe, so würde man die große Mannigfaltigkeit, deren das Theater fähig ist, verlieren und dem Vergnügen des Zuschauers nicht wenig entziehen. Der Zuschauer würde dabei der Einfälle und Redensarten des gemeinen Mannes durch die Wiederholung überdrüssig werden. In Ansehung der Sittenlehre würde uns vieles entgehen; denn man würde die Torheiten vornehmer Leute, die Künste, womit sie dieselben verstecken, die Vermischungen der Leidenschaften und noch weit mehr ebenso wichtige Wahrnehmungen der Sittenlehre unberührt lassen. Man würde die edeln Empfindungen des Herzens, die in die höhern Komödien einfließen und die ein wesentliches Stück der Trauerspiele ausmachen, ganz und gar entbehren müssen. Es würden auch die Vornehmen, das ist, fast jedermann (denn wer will gern zum gemeinen Manne gehören?), in den Gedanken stehen, daß alle die Torheiten, die in solchen Komödien vorgestellt sind, sie gar nicht angingen. Wenn man hingegen auch ihre Torheiten in den Komödien von einer höhern Gattung erkennt, so findet

Gedanken zur Aufnahme des dänischen Theaters 93

der gemeine Mann desto weniger Entschuldigung für sich, da er sieht, daß dieselben Fehler, die er an sich hat, auch an Höhern lächerlich sind. Was endlich die Auspolierung des Verstandes betrifft, so wäre zu besorgen, daß dieselbe gänzlich unterbliebe, wenn man das Theater allein auf die niedrigste Gattung von Schauspielen einschränkt. Der Verstand, der die Gegenstände, die ihn vergnügen, am leichtesten faßt, möchte sich vielmehr alsdann das Plumpe und das Ungesittete des Pöbels eindrücken und unvermerkt nachahmen lernen, das ihm doch auf dem Theater aus einem ganz andern Endzwecke gezeiget worden. Wenn er hingegen auch Handlungen von anderer Art zu sehen bekömmt, so wird er aus der Vergleichung urteilen, daß ihm die Grobheiten des Pöbels nur darum vorgestellt werden, damit er desto kenntlicher ihren Übelstand bemerke. Komödien, worinnen Personen von feiner Erziehung vorgestellt werden und die so beschaffen sind wie unter andern der ‚*Misanthrope*‘ und die ‚*Beschwerlichen*‘[22] des *Molière*, tragen zur Verbesserung des Verstandes und der Aufführung junger Leute ungemein viel bei.

Mein Rat ist also, mit Beibehaltung der Komödien aus dem niedrigen Stande, die man schon hat, in denen Stücken, die man neu auf das Theater bringt, immer höher zu steigen; aus dem niedrigern Stande in den Mittelstand, aus dem Mittelstande an den Hof und endlich bis zu den Tragödien zu kommen. Auf diese Weise wird man sich versprechen dürfen, allen Ständen durchgängig zu gefallen; der Verstand der Zuschauer wird immer geübter werden, auch die feinsten Einfälle mit Vergnügen und Aufmerksamkeit zu hören; und man wird eines beständigen Beifalls versichert sein, weil man für alle Arten der Zuschauer arbeitet und weil unter so vielen Abänderungen ein jeder einige nach seinem Geschmack finden wird.

Da es in allen Gattungen der Schauspiele gute und schlechte Stücke gibt, so sieht man, in der Auswahl derer, die

22. ‚*Les Fâcheux*‘ (1661).

94   *Gedanken zur Aufnahme des dänischen Theaters*

am geschicktesten sind, zugleich zu gefallen und zu bessern, teils auf ihre innere Einrichtung, teils auf die Einkleidung und äußerliche Ausführung des Plans.

Handlungen, die sich zur Schaubühne schicken, sind solche, die aus Absichten, aus Mitteln, diese Absicht zu erlangen, und aus den Folgen dieser Mittel zusammengewebt sind. Die Kunstrichter nennen die Absicht und ihre Mittel die *Verwirrung*; und diejenige endliche Folge, welche entweder die Absicht nebst ihren Mitteln erfüllet oder sie dergestalt niederreißt, daß ihre Erlangung den handelnden Personen unmöglich gemacht wird, nennen sie die *Auflösung*. Man verlangt nur *Eine Handlung* in einem theatralischen Stücke; das ist, daß nichts darinnen vorkomme, welches nicht entweder zur Beförderung oder zur Hindernis derjenigen letzten und endlichen Folge gereicht, durch welche die Auflösung geschieht. Dieses ist sehr natürlich. Denn wenn man es auch nur in einer Erzählung wagt, Umstände einzumischen, die zur Sache nicht gehören, so schläfert man ein; und wenigstens hat es allezeit die üble Wirkung, daß man die Aufmerksamkeit des Zuhörers teilt und also schwächt. Wie aber ein *Knoten* aus mehr oder weniger Enden, die im Anfange gar nicht aneinanderhängen, zusammengeknüpft sein kann; wie eine einzige Begebenheit eine Folge von vielerlei ganz verschiedenen Absichten und Mitteln sein kann, die anfangs gar nichts miteinander gemein hatten und die dennoch alle zu gleicher Zeit und durch dieselbe Begebenheit teils erfüllt, teils umgestoßen und vernichtet werden: so kann ein Theaterstück im Anfange aus ganz verschiedenen Handlungen zu bestehen scheinen, welche doch zuletzt in einen Punkt oder in einen Knoten zusammenlaufen und also eine einzige Handlung ausmachen. Ein anderes Theaterstück hingegen kann vom Anfange an nur mit einer einzigen Absicht sich beschäftigen und sich beständig bei ihren Hindernissen und Mitteln aufhalten. Von der ersten Art sind die guten Schauspiele der Engländer, von der andern der Franzosen ihre. Zum Beispiele der ersten Gattung dient das ,*Beständige Ehe*-

Gedanken zur Aufnahme des dänischen Theaters 95

paar' (,*The Constant Couple*')[23], wo eine große Menge von
Verwirrungen durch die Erkenntnis eines Ringes aufgelöst
wird; und als Beispiele der andern Gattung kann man den
,*Tartuffe*' des *Molière* oder fast alle *Holbergische* Stücke
anführen. Wenn die Frage ist, bei welcher Art der Verwirrung das dänische Theater sich am besten befinden werde, so
ist es ohne Zweifel bei dieser letztern, welche die Aufmerksamkeit des Zuschauers mehr beisammen erhält und keine so
große Tiefsinnigkeit erfodert, als bloß den Engländern angenehm ist. Diese Art nimmt weit mehr ein und ist durch
den Beifall, den die Holbergischen Stücke erhalten haben,
bei uns schon hinlänglich geprüft, indem dieser Beifall gewiß
großenteils der Einfachheit der Handlungen zuzuschreiben
ist, durch welche die Gedanken des Zuschauers immer auf
einen Punkt gerichtet bleiben. Wie die Holbergischen Komödien auf der einen Seite die überhäuften Absichten und
Verwirrungen vermeiden, so vermeiden sie auf der andern
die Untätigkeit, da immer eine Szene nach der andern ver-
plaudert, immer von denselben Dingen geredet und gleichwohl nie etwas getan wird, welchen Fehler insonderheit die
meisten neuen deutschen Originalstücke haben. Eine wohl-
eingerichtete Handlung soll in jeder Szene von einiger Er-
heblichkeit einen Schritt weitergehen, entweder einen neuen
Umstand erzählen oder ein neues Hindernis in den Weg
legen, eine neue Tat oder wenigstens einen neuen Entschluß,
etwas zu tun, veranlassen oder vorstellen. Wenn man dieses
beobachtet, so wird man von selbst, und fast ohne es zu
wissen, alle die Kunstgriffe anwenden, die *Aristoteles* und
Hédelin an die Hand geben, wenn sie die Einrichtung und
Verwirrung einer Handlung erklären.

Sobald man diese Hauptregel in acht nimmt, daß die
Handlung beständig fortgehen soll und daß man die Absichten und Mittel mit ihren Folgen und die Folgen wiederum mit ihren neuen Folgen zu verbinden hat, so wird eine

23. Komödie des Engländers George Farquhar (1677–1707) aus dem
Jahre 1699.

96 Gedanken zur Aufnahme des dänischen Theaters

Handlung mit leichter Mühe wahrscheinlich werden. Denn eine Begebenheit ist alsdann wahrscheinlich, wenn sie ihre zureichende Ursache hat. Durch jeden Sprung hingegen, den ich begehe, wenn ich etwas ohne Ursache geschehen lasse, verursache ich eine Unwahrscheinlichkeit.

Nichts ist geschickter, die Zuschauer in der Aufmerksamkeit zu erhalten, nichts tut hierinnen eine so ungemeine Wirkung, als wenn man in die Handlung eine Person von einem solchen Charakter einflicht, daß der Zuschauer sie liebgewinnt, daß er für sie leidet und wünschet. Diese Person muß an der Handlung einen Anteil haben und in eine solche Lage gebracht werden, daß man bis zum Ausgange ungewiß bleibt, ob derselbe sie entweder glücklich machen oder doch vor einem gedrohten Unglücke in Sicherheit setzen oder ob er sie auch vollkommen unglücklich machen werde. Denn nie kann man zuverlässiger von der Aufmerksamkeit des Zuschauers versichert sein, als wenn sein Herz an der Handlung Anteil nimmt. Eine solche Person braucht nicht allemal die Hauptperson, dem Charakter nach, zu sein. Im ‚Geizigen‘ des *Molière* ist der Geizige die Hauptperson; die Personen hingegen, für die der Zuschauer wünschet und leidet, sind sein Sohn und seine Tochter. Eine solche Person kann aber auch die Hauptperson sein, wie sie es z. E. im ‚*Misanthropen*‘ ist; wenn nämlich die Fehler der Hauptperson so beschaffen sind, daß sie die Hochachtung des Zuschauers nicht ausschließen. Sind zwo Personen in einem Schauspiele, welche die Hochachtung des Zuschauers gleich stark verdienen, und ihr Glück und Wohl ist einander entgegengesetzt, so muß man sich in acht nehmen, daß der Zuschauer nicht in eine Unentschlossenheit gerate, für wen er sich erklären will; denn dies würde ihn beinahe zur Gleichgültigkeit verleiten können. Die allerfeinste Erfindung der Fabel und die allerschönste Ausführung der Charaktere ist vergeblich, wenn dadurch nur der Verstand und nicht zugleich das Herz eingenommen wird. Der Dichter wird eine schöne Arbeit verfertigt haben, an der niemanden gelegen ist.

Gedanken zur Aufnahme des dänischen Theaters 97

Hieraus folgt von selbst, daß eine Komödie, so sehr es ihre Absicht und Bestimmung ist, Lachen zu erwecken, doch allezeit mit Erregung einiger Leidenschaften vermischt sein muß. Keine Handlung, an der etwas gelegen sein soll, kann so beschaffen sein, daß diejenigen, die sie betrifft, sie ganz gleichgültig und ohne alle Leidenschaft ansähen; und wenn die Zuschauer mit den aufgeführten Personen wünschen und leiden sollen, so kann dieses nicht anders geschehen als durch Erregung der Leidenschaften. Eine Handlung ohne Leidenschaften ist keine Handlung; denn sie müßte alsdann keine Absichten und keine Mittel zu denselben enthalten. Zuweilen ist das Lächerliche mit den Leidenschaften so sehr vermischt, daß beides zugleich erregt wird. Eine Probe hiervon hat man an dem *Geizigen* des *Molière*, da ihm sein Geldkasten genommen worden. Der arme Schelm erwecket sodann Mitleiden und Lachen zugleich. *Molière* hat überhaupt diese Kunst unvergleichlich verstanden; und *Arnolf* in der ,*Schule des Frauenzimmers*‘, da er auf die letzt rasend verliebt wird, ist gleichfalls ein Beispiel davon. Ein gewisses Stück im *italiänischen Theater*, ,*Die beiden Harlekine*‘[24], ist, was die Einrichtung der Fabel betrifft, eines der vollkommensten, das ich noch gefunden habe.

Ein Stück, darinnen die Handlung sehr wohl eingerichtet und verwirret ist, kann gleichwohl noch ein elendes Stück sein, wenn die Wahl und Ausarbeitung der Charaktere und die darinnen angebrachten Gedanken schwach, sich selbst widersprechend oder gemein sind. Die Franzosen teilen die theatralischen Gedichte in Stücke, wo die Verwirrung die Oberhand hat, und in solche, wo der Charakter der Personen das vornehmste ist. Dieses will nicht sagen, als ob ein Schauspiel, darinnen auf die Verwirrung vorzüglich gesehen worden, ohne Charaktere gut sein könnte; denn das würde ebensoviel sagen, als ob der erste Entwurf zu der Erfindung eines Malers, wo weder Zeichnung noch Schattierung beob-

24. Es handelt sich um die Komödie ,*Les deux Arlequins*‘ (1691) von Eustache Lenoble (1643–1711).

achtet ist und wo er nur seine Gedanken geordnet hat, ein schönes Gemälde wäre. Eine *Pièce d'intrigue* ist diejenige, wo ich zuerst eine außerordentliche und sonderbare Begebenheit ausstudiere und hernach die Charaktere der Personen so darzu erwähle, wie ich sie zur Ausführung dieser Begebenheit nötig habe. Ein Stück ohne Charaktere ist ein Stück ohne alle Wahrscheinlichkeit, weil die Ursache, warum ein Mensch so oder so handelt, eben in seinem Charakter liegt. Wo demnach dieser nicht festgesetzet ist, geschehen die Handlungen ohne Ursache und sind also nicht wahrscheinlich. Bei den *Pièces de caractère* hingegen wähle ich zuerst den Charakter, den ich ausführen will, und ich sinne hernach auf eine Reihe von Begebenheiten, die diesen Charakter mehr ins Licht setzen. Weil ich alsdann in der Wahl derselben eingeschränkter bin, so ist es in diesem Falle nicht allezeit möglich, so sonderbare Begebenheiten auszusinnen als in dem ersten Falle. Dieser Abgang aber wird durch die genaue Abschilderung der Denkungsart dessen, den ich vorstelle, reichlich ersetzet, und es versteht sich von selbst, daß auch in einem Charakterstücke die Verwirrung die oben angezeigten Eigenschaften haben soll. Unter den *Holbergischen* Komödien sind die ,*Maskerade*', ,*Heinrich und Pernille*' und mehrere, Stücken, darinnen die Verwirrung herrschet, und die ,*Honnête Ambition*' ist ein Stück von Charakter. Des *Addison* ,*Gespenst mit der Trommel*', des *Destouches* ,*Unversehenes Hindernis*' sind Stücken der Intrige, wobei gleichwohl die Charaktere sehr gut beobachtet sind. Eben diese Einteilung läßt sich auch bei den Trauerspielen machen. ,*Ödipus*' und ,*Iphigenia*'[25] sind Stücken, welche die Verwirrung zur Hauptabsicht haben; der ,*Britannicus*' ist ein Charakterstück, worin *Nero* die Hauptrolle spielt und *Britannicus* diejenige Person ist, die das Herz des Zuschauers für sich hat; welches mit meiner oben gemachten Anmerkung übereinstimmt, daß dieses nicht allezeit sich für die Hauptperson erklären müsse.

25. Gemeint ist *,Iphigenie bei den Taurern*' von Euripides.

Gedanken zur Aufnahme des dänischen Theaters 99

In der Wahl der Charaktere hat man am meisten nötig, sich nach den Sitten einer jeden Nation zu richten; so wie man auch auf der andern Seite eben darinnen die meiste Geschicklichkeit beweisen kann. Um einer Nation zu gefallen, muß man ihr solche Charaktere vorstellen, deren Originale leichtlich bei ihr angetroffen werden oder die sich doch sehr leicht auf ihre Sitten anwenden lassen. Man findet ein schlechtes Vergnügen an Vorstellungen, deren Originale man nicht kennt oder die man wohl gar für unmöglich hält. Ein französischer *Financier*, der *Dottore* der italiänischen Komödie, ein englischer Landjunker, der sein Haus mit einer Zugbrücke versehen hat, seine Tochter als einen Schatz eingeschlossen hält und, sobald sich jemand nähert, unter den Waffen erscheint[26], das ,*Modevorurteil*'[27], welches in Frankreich eine schöne und nach den jetzigen Sitten eingerichtete Komödie ist, dies alles würde auf dem dänischen Schauplatze eine schlechte Wirkung tun. Die Sklavinnen der Griechen und Lateiner, welche man sich zu Maitressen kauft, würden ebensowenig jetzo gefallen, wenn sie nicht etwa unter dem Schutze anderer desto bekanntern Charaktere, mit denen sie zugleich vorgestellet werden, Beifall finden. Stücke von so fremden Sitten werden nicht allein nicht sonderlich gefallen, sondern sie sind auch sowohl in Absicht auf den Verstand als auf das Herz von wenig Nutzen.

Deswegen aber behaupte ich nicht, daß man keine Geschichte fremder Völker auf das Theater bringen könne. Ich glaube vielmehr selbst, daß es sehr oft nötig ist, den Schauplatz an einen ganz fremden Ort zu verlegen, damit man Gelegenheit gewinne, Charaktere, bei denen man sonst zu eingeschränkt sein würde, mit desto größerer Freiheit auszubilden. Und alsdann ist es auch nötig, die äußerlichen Sitten

26. Wahrscheinlich handelt es sich um eine Anspielung auf die Gestalt des *Sir Tunbelly Clumsey* in John Vanbrughs (1664–1726) Komödie ,*The Relapse*' (,*Der Rückfall*') aus dem Jahre 1697.
27. ,*Le Préjugé à la mode*', 1735 erschienene Komödie von La Chaussée.

100   Gedanken zur Aufnahme des dänischen Theaters

und alle Umstände so einzurichten, wie sie wirklich dem fremden Volke zukommen. Doch können in solchen Stücken die Charaktere so beschaffen sein, daß sie sich auf die Denkungsart der Nation, wo man sie vorstellet, anwenden lassen. Die ‚Sklaveninsel‘[28] z. E. leidet sehr wohl ihre Anwendung nicht allein auf die französischen Sitten, sondern auch fast auf die Sitten aller Länder, ungeachtet sie ein erdichtetes Land vorstellt. In der Tragödie ist es sogar oft unvermeidlich, zu fremden Ländern seine Zuflucht zu nehmen. Wenn man eine Fabel nach seiner eigenen Freiheit ausschmücken will, so ist es nicht gut, sich an der wahren Historie, besonders der neuern, zu vergreifen. Und sich bloß an die Geschichte zu halten, ist gleichfalls nicht ratsam, weil dies eine gewisse Trockenheit verursacht. Der Geschichtschreiber erzählt die Dinge nur mit denjenigen Ursachen, die er gewußt hat. Er kann sie aber nicht alle wissen und er läßt also oft diejenigen weg, die auf dem Theater das meiste Vergnügen machen würden. Der Poet soll die Handlung mit ihren zureichenden Ursachen vorstellen. In denjenigen neuern Geschichten, an deren Wahrheit uns gelegen ist, darf er keine Ursachen erdichten; sonst würde er in dem Gedächtnisse der Zuschauer die äußerste Verwirrung zwischen den wahren und den erdichteten Umständen anrichten. Er kann auch keine hohen Personen erdichten, zumal an demjenigen Orte, wo man lebt; denn man kann die Helden leichter überzählen als den gemeinen Mann. Die alte und fabelhafte Historie eines einzigen Landes ist nicht hinreichend, allerlei Veränderungen der Umstände und Charaktere hervorzubringen. Also wird es am besten sein, daß man die Historie aller fremden Länder zu Hülfe nimmt. Hierzu kömmt noch, daß die Bewunderung vieles beiträgt, die Erregung der Leidenschaften zu erleichtern, und die Bewunderung bezieht sich fast immer auf das Fremde. Doch wollte ich raten, in dem Fremden nicht so weit zu gehen, daß das Volk, dem man zu gefallen sucht, nicht mit einer gewissen Leichtigkeit sich Be-

28. Komödie von Marivaux aus dem Jahre 1725.

Gedanken zur Aufnahme des dänischen Theaters 101

griffe davon machen könnte. Wenn der Zuschauer zu viel
von fremden Sitten erlernen muß, ehe er den Zusammenhang der Verwirrung einsieht, so verliert er die Geduld, und
das schönste Stück mißfällt. Man glaube ja nicht, daß ich die
Vorstellung fremder Sitten überhaupt verwerfe. Es würde
vielmehr ein großes Vergnügen für den Verstand sein, die
Verschiedenheit der Charaktere aller Nationen aus der Vorstellung fremder Sitten zu erkennen; wofern es nur geschieht,
ohne die Gemüter der Zuschauer durch eine weitläuftige Erzählung verwirrter Umstände, die man voraussetzet, zu er-
müden. Solche fremde Sitten, die sich von selbst erklären,
können daher in der Tragödie wohl stattfinden. Hingegen
wenn man lachen soll, so lachet man bei weitem nicht so gern
über Torheiten, die man niemals gesehen hat, als über solche,
die man täglich sieht.

Sowohl in der Wahl, Verschiedenheit und Feinigkeit als
auch der genauen Bestimmung der Charaktere zeiget sich
besonders die Größe des Meisters. Ein kleiner Geist wird
sich begnügen, wenn er nur überhaupt beobachtet, daß er
denjenigen, den er erst viel Zaghaftigkeit bezeigen lassen,
nicht hernach mutig vorstellt und daß er den, der sich erst
außerordentlich grausam erwiesen, nicht auf einmal außerordentlich barmherzig werden läßt. Ein anderer, der etwas
feiner sein will, wird beständig mit den vier Temperamenten
zu tun haben oder es so machen wie das gemeine italiänische
Theater. Dies hat den Fehler, daß man immer denselben
Charakter des alten Mannes, denselben Charakter des Lieb-
habers, dieselbe Liebhaberin, kurz, dieselben Personen wie-
derkommen sieht[29]; und ich kann nicht begreifen, wie die
Zuschauer solche Wiederholungen ohne Ekel ansehen können. Diese Einförmigkeit benimmt der Komödie alles Lehrreiche, für das Herz sowohl als für den Verstand, und sie
läßt ihr nichts als das unvollkommene Vergnügen übrig, das
aus der Verwirrung der Fabel entsteht; ein Vergnügen, welches ihr mit allen elenden Romanen gemein ist und welches

29. Gemeint sind die stehenden Figuren in der Commedia dell'arte.

102   Gedanken zur Aufnahme des dänischen Theaters

auch noch dadurch gemäßiget wird, daß die Verwirrung meistenteils auf die List einiger Bedienten ankömmt und nicht auf die Folgen von den Charakteren der Personen. Dichter von feinerem Geschmacke suchen Charaktere, die durch ihre Neuheit gefallen, die sich zu ihrer Fabel schicken und die Handlung von selbst fortgehen lassen. Es ist dem *Destouches* nicht genug, den Charakter des *Ruhmredigen* oder *Stolzen*[30] obenhin zu schildern. Er gibt ihm eine Liebste, deren Herz erst durch allerhand kleine Bemühungen erobert sein will; einen Schwiegervater, der sich mit allen Leuten *du* heißt und ohne Zeremonie sein will; einen Rival, der ein großer Komplimentenmacher ist und sich dadurch bei der Mutter seiner Geliebten einschleicht; einen Vater, der bescheiden ist, der im Elende lebt und in so dürftigen Umständen erscheint, daß der bloße Anblick desselben seinen Stolz beschämt. Dieses würde zur Absicht des Dichters schon hingereicht haben; aber er setzet noch den *Valer*, den Bruder seiner Geliebten, der ein vernünftiger Mann ist, ein Kammermägdchen, welches als die Schwester des stolzen Grafen erkannt wird, eine Liebe des alten Mannes in dieses Kammermägdchen und eine Liebe des Valer gegen ebendieselbe hinzu, welche er vielleicht weggelassen haben würde, wenn er mehr dem *Molière* als dem Geschmacke der Engländer hätte folgen wollen.

Man muß auch bekennen, daß in dieser Wahl und Bestimmung der Charaktere die größte Stärke der englischen Komödie besteht, deren gute Poeten auch sogar die Grade derselben zu bestimmen wissen. Ich will zum Exempel davon nur des *Steele* ‚Funeral‘ oder ‚Leichenbegängnis‘ und des *Congreve* ‚Double-Dealer‘ oder die ‚Doppelzunge‘ anführen; wiewohl ein jedes Stück von *Steele, Cibber* und *Congreve* zum Exempel dienen könnte. Je größer der Meister ist, desto mehr wird man den Charakter der Person, die er vorstellt, fast aus jedem Worte erkennen. In ihren Leidenschaften, in ihren Entschlüssen, in ihren vernünftigsten Reden und sogar

30. Gemeint ist die Hauptgestalt in der Komödie ‚Le Glorieux‘.

Gedanken zur Aufnahme des dänischen Theaters 103

in ihren Komplimenten wird sie ihre schwache Seite verraten.

Man ist sehr bald damit fertig, einen Poeten zu beschuldigen, daß seine Charaktere übertrieben sind, wenn er sich bemühet hat, sie deutlich und angenehm zu machen. Es geschieht dieses oft mit Rechte, aber auch dann und wann mit Unrechte. Ein Poet in Paris hatte vor einiger Zeit eine Komödie geschrieben. Man fing an zu pfeifen und rief: „Das ist zu weit getrieben! Das überschreitet alle Wahrscheinlichkeit!" Er ward hierüber böse, kam heraus auf das Theater und sagte: „Meine Herren, wie wollen Sie sagen, daß es unwahrscheinlich ist? Meine Frau und meine Töchter haben das und noch mehr getan."[31] In der Tat kann man ein ziemliches Zutrauen zu der Größe der menschlichen Torheit haben. Es kann manchen Zuschauer dünken, daß ein Mensch nicht so viel Torheit in so kurzer Zeit begehen könne, als auf dem Theater geschieht. Aber wenn sich dieses nicht oft in der Welt zuträgt, so kömmt es daher, weil im gemeinen Leben die Gelegenheiten zu Torheiten nicht so dicht beisammenstehen als in der Komödie, wo eine ununterbrochene Handlung, an der ihm gelegen ist, ihm ein weites Feld gibt, sich von mehrern Seiten und in seiner wahren Beschaffenheit zu zeigen. Auch im gemeinen Leben würde man zur Gnüge sehen, worzu Leute von gewissen Charakteren fähig sind, wenn man sich die boshafte Bemühung machen wollte, sie ausdrücklich in solche Umstände zu bringen, die ihre Torheiten ins Licht setzen. Der Grad der Torheit, der aus einer Rede oder Handlung hervorleuchtet, kann zuweilen tadelhaft sein, wenn er bis in die Gränzen der Narrheit und Raserei übergeht. Diese Gränzen lassen sich vielleicht durch folgende Regel bestimmen. Ein Mensch, der noch weiß, was er tut, und der also nur töricht und nicht närrisch ist, wird nie-

---

31. Leicht verändernde Wiedergabe der Vorfälle, die sich 1738 anläßlich der Aufführung der Komödie ‚*L'Esprit de divorce*' von Pierre de Morand (1701–57) ereigneten. Vgl. ‚*Anecdotes dramatiques*', Paris 1775. Tome 1. p. 319 ff.

104 Gedanken zur Aufnahme des dänischen Theaters

mals etwas unternehmen, wodurch er sich selbst als ein Narr vorkommen muß. Er macht sich vielmehr in seinem Verstande gewisse Grundsätze, die seiner Torheit gemäß sind und durch welche er sie so beschönigt, daß er sich noch klug dünken kann. Solange seine Handlungen unter diese Grundsätze gebracht werden und dadurch einige Beschönigung und Farbe bekommen können, solange ist der Charakter noch nicht zu weit getrieben. Wenn er hingegen etwas tut oder redet, das er nicht einmal nach seinen eigenen Grundsätzen für vernünftig ansehen kann, so wäre es ebensoviel, als ob er sich selbst für einen Narren hielte; und dies wird mit Rechte getadelt.

Nachdem ich von den Charakteren geredet habe, so brauche ich fast nichts von der Ausarbeitung und dem Ausdrucke eines Schauspiels zu sagen. Sobald ein Poet sich bemüht, seine Charaktere vom Anfange bis zu Ende wohl auszudrücken, so wird auch sein Ausdruck schön sein. Und der geringste Fehler im Ausdrucke wird auch ein Fehler im Charakter sein. Nur dies ist hierbei zu erinnern, der Poet sei besorgt, die Worte so zu wählen und zu ordnen, daß sie dem Akteur gleichsam von selbst den Nachdruck der Aussprache in den Mund legen. Die Gedanken ersticken unter der Menge von Worten und bleiben in den langen Perioden zugleich mit dem Otem des Akteurs außen, so daß der Zuschauer den größten Teil davon verliert. Diesen Nachdruck befördert nichts so sehr als das Sylbenmaß; und daher ist von den ersten Zeiten der Komödie an die gebundene Schreibart darzu erwählet worden. Man hat viel eher Komödien in Versen als in Prose gehabt, und diese letztern sind eine ganz neue Erfindung. Nur sind der Komödie die guten Verse sehr schwer; und es ist gleichwohl besser, eine Komödie in guter Prose als in schlechten Versen anzuhören; denn schlechte Verse verderben den Nachdruck der Gedanken, anstatt ihn zu erheben. Auch davor muß ich warnen, daß man nicht die Begierde, zu lachen zu machen und *Bonmots* vorzubringen, sich verleiten lasse, etwas wider die Charaktere der Perso-

Gedanken zur Aufnahme des dänischen Theaters 105

nen zu sagen. Übel angebrachte Einfälle haben eben das
Schicksal auf dem Theater, das sie in der Gesellschaft haben.
Sie werden nur deswegen belacht, weil sie ungereimt sind.

Endlich gehört auch dieses zu den notwendigen Kennzeichen eines guten Stücks, daß der Verfasser beständig darinnen an die Zuschauer gedacht habe, daß er aufmerksam
gewesen sei, alles, was zur Handlung gehört, ihnen auf das
deutlichste und ordentlichste zu erzählen; ihnen zu berichten,
was für Personen sie vor sich sehen und an welchem Orte
dieselben erscheinen; und daß er gleichwohl sich nicht merken lasse, als ob er wisse, daß Zuschauer zugegen sind. Ein
Akteur, der mitten in einer Komödie vom Theater aus die
Zuschauer anredet und also die Person, die er vorstellt, auf
einen Augenblick ablegt, um seine eigene zu spielen, tut in der
Tat nichts anders, als ob er mit dem *Löwen* im ,*Peter Squenz*'
sagen wollte: „*Ihr lieben Herren, laßt euch nicht leid sein; ich
bin kein rechter Löwe, sondern ich soll es nur bedeuten.*"[32]

Dieses sind im kurzen die innerlichen Regeln des Theaters,
welche aus den Begriffen einer Handlung und der Nachahmung entstehen, wenn dieselben mit dem Endzwecke des
Schauspiels, nämlich zu gefallen, zu lehren und den Verstand
aufzuheitern, zusammengehalten werden.

Die äußerliche Form eines guten Schauspiels haben die
Kunstrichter in zwo Regeln gefaßt, worzu sie durch die Umstände des Theaters und der Zuschauer und durch die Begierde, das Vollkommene vor dem Unvollkommenen zu
wählen, veranlaßt worden sind. Sie haben darzu ihren guten
Grund gehabt: sie sind aber von ihren Nachfolgern übel verstanden worden. Denn schon oft hat man das Wesen des
Schauspiels daraus gemacht und geglaubt, daß man ein schönes Stück verfertigt habe, wenn man nur diese Regeln wohl

---

32. Korrekt lautet das Zitat aus der Komödie von Andreas Gryphius:
    Ihr lieben Leute! Erschrecket nicht,
    Ob ich gleich hab ein Löwengesicht.
    Ich bin kein rechter Löw, bei traun,
    Ob ich gleich habe lange Klaun.

106   Gedanken zur Aufnahme des dänischen Theaters

in acht genommen, ob man gleich die Schönheit der Handlung und der Charaktere gänzlich aus den Augen gesetzt hatte. Diese Regeln heißen, kurz gesagt, die *Einheit der Zeit* und die *Einheit des Ortes.*

Wer eine ausführliche Erklärung derselben verlangt, kann sie nirgends vollkommener und mit mehrerm Verstande abgehandelt finden als in *Hédelins ‚Theatralischer Dichtkunst‘*[33], einem sehr guten Buche, welches zu einer gründlichen Kenntnis des Theaters vorzügliche Dienste leistet.

Einige Kunstrichter beweisen diese beiden Regeln sehr körperlich; weil nämlich der Zuschauer beständig auf der Bank sitzen bleibe, so solle auch alles an *einem* Orte vorgehen und die Zeit, welche die Handlung erfodert, nicht über vierundzwanzig Stunden ausgedehnt werden. Ungeachtet nun der Geist des Zuschauers gleich bei Eröffnung des Schauplatzes bereit sein muß, sich in dieselbe Zeit und an denselben Ort zu versetzen, wo nach der Anzeige des Poeten die Handlung vorgeht, und ungeachtet eben dieser Geist (denn mit ihm hat man zu tun und nicht mit dem Körper, der auf den Bänken sitzt) so starke Flügel hat, daß er dem Poeten auch noch weiter von einer Zeit zur andern und von einem Orte zum andern folgen könnte, wofern er gehörig davon benachrichtigt würde, so findet man es doch zu Vermeidung vieler Unbequemlichkeiten am dienlichsten, nur *einmal* dem Zuschauer diese Mühe zu machen. Damit eine Handlung in beständiger Bewegung sei, damit stets Folgen aus Folgen entstehen und nichts durch einen Sprung geschehe, erachtet man für nötig, die Zeit so sehr einzuschließen, als es möglich ist. Denn sonst würde dieselbe durch allerlei Zwischenfälle unterbrochen werden müssen; sonst würden die Personen, die an der Handlung teilhaben, lange nicht in derjenigen Stärke der Beschäftigung und in dem Grade der Leidenschaft sein, welche die Aufmerksamkeit der Zuschauer an sich ziehen. Ferner setzet die Veränderung des Orts und der Zeit teils den Poeten in die Notwendigkeit,

33. Gemeint ist Aubignacs *‚Pratique du théâtre‘*. Vgl. Fußnote 2.

Gedanken zur Aufnahme des dänischen Theaters 107

auf neue Mittel zu denken, wie er seinem Zuschauer dieses andeute, teils auch den Zuschauer, sich zu besinnen, welcher Ort und welche Zeit unter den vielen, die der Poet angegeben, zu der gegenwärtigen Szene gehöre. Überdies kömmt der Zuschauer jedesmal, da er sich weiterversetzen muß, von seiner ersten Entzückung zurück, und er erinnert sich, daß er auf dem Schauplatze ist; da er hingegen, wenn die Einheit des Ortes und der Zeit beobachtet ist, seine ganze Aufmerksamkeit auf die Handlung, auf die Charaktere und auf die Leidenschaften verwenden und immer in derselben Entzückung bis ans Ende bleiben kann. Aber alsdann sind auch schon vierundzwanzig Stunden zuviel. Es ist wahr, das Maß der Zeit sind die Begebenheiten, die darin vorgehen; und der Zuschauer sollte wohl, solange er in der Entzückung ist, durch die Menge von Begebenheiten, die er sieht, durch das viele Ausgesuchte und Nachdenkliche, das er hört, sich bereden lassen, daß er mehr als die drittehalb Stunden, die währenden Schauspiels verlaufen, dabei zugebracht habe. Unterdessen weiß ich doch nicht, ob es gerade vierundzwanzig Stunden sind. Vielmehr kann sich der Zuschauer, der eine beständige Folge von Handlungen vor sich gesehen hat, keine Nacht vorstellen, darinnen man inzwischen ausgeruhet hätte. Und da die geschehenen Begebenheiten ihm das Maß der Zeit an die Hand geben, so muß diese Zeit auch in einem gewissen Verhältnisse und nicht bald geschwind, bald langsam verlaufen. Doch alles dies macht keine notwendigen Regeln; denn sie fließen nur aus dem Vorzuge des Bessern vor dem weniger Guten.

Die Wahrheit zu gestehen, beobachten die Engländer, die sich keiner Einheit des Ortes rühmen, dieselbe großenteils viel besser als die Franzosen, die sich damit viel wissen, daß sie die Regeln des Aristoteles so genau beobachten. Darauf kömmt gerade am allerwenigsten an, daß das Gemälde der Szenen nicht verändert wird. Aber wenn keine Ursache vorhanden ist, warum die auftretenden Personen sich an dem angezeigten Orte befinden und nicht vielmehr an demjeni-

108 Gedanken zur Aufnahme des dänischen Theaters

gen geblieben sind, wo sie vorhin waren, wenn eine Person
sich als Herr und Bewohner eben des Zimmers aufführt, wo
kurz vorher eine andere, als ob sie ebenfalls Herr vom
Hause wäre, in aller Gelassenheit mit sich selbst oder mit
einem Vertrauten gesprochen, ohne daß dieser Umstand auf
eine wahrscheinliche Art entschuldigt wird; kurz, wenn die
Personen nur deswegen in den angezeigten Saal oder Garten
kommen, um auf die Schaubühne zu treten: so würde der
Verfasser des Schauspiels am besten getan haben, anstatt der
Worte: *Der Schauplatz ist ein Saal in Climenens Hause,*
unter das Verzeichnis seiner Personen zu setzen: *Der Schauplatz ist auf dem Theater.* Oder, im Ernste zu reden, es
würde weit besser gewesen sein, wenn der Verfasser, nach
dem Gebrauche der Engländer, die Szene aus dem Hause des
einen in das Haus eines andern verlegt und also den Zuschauer seinem Helden nachgeführt hätte, als daß er seinem
Helden die Mühe macht, den Zuschauern zu Gefallen, an
einen Platz zu kommen, wo er nichts zu tun hat.

Ich will hierdurch die Gewohnheit, die Einheit der Zeit
und des Ortes zu beobachten, keineswegs in Verachtung
bringen; sondern ich sage es bloß, um einer jeden Regel ihren
rechten Wert zu bestimmen, damit man nicht fortfahre, wie
viele tun, nach der äußerlichen Form der Schauspiele ihre
innerliche Schönheit zu schätzen. Ich weiß vielmehr aus eigener Erfahrung in theatralischen Werken, daß nichts leichter
ist, als die Einheit der Zeit und des Ortes zu beobachten,
wenn man sich nur bemüht, seine Handlung beständig in
Bewegung zu erhalten, und wenn man keine Person in andern Absichten auftreten oder abgehen läßt, als um die
Handlung zu befördern und zu ihrem Ende zu gelangen.
Ja, eben diese Einheiten helfen zur Einheit der Handlung,
das ist, zum beständigen Fortgange der Handlung, wenn
man sie gehörig zu beobachten und beides, die Zeit und den
Ort, wohl zu wählen weiß.

Eine strenge Beobachtung der Einheit des Ortes ist auch
für die Schauspieler bequemer, weil sie alsdann nicht so viele

Gedanken zur Aufnahme des dänischen Theaters 109

Gemälde der abgeänderten Szenen und keinen so kostbaren Maschinenbau nötig haben und weil sie dieselben Unkosten auf eine anständigere Kleidung und andere mehr wesentliche Stücke des Theaters wenden können.

Nachdem ich in dieser Abhandlung nicht allein einen kurzen Begriff von demjenigen gegeben habe, was zu einem guten theatralischen Stücke erfodert wird, sondern auch von dem, was besonders in Dännemark Beifall finden könnte, so ist die vornehmste Frage: wo das neue dänische Theater dergleichen Stücke herbekommen soll? Die Deutschen haben den Fehler begangen, daß sie ohne Unterschied allerlei Komödien aus dem Französischen übersetzet haben, ohne vorher zu überlegen, ob die Charaktere derselben auch auf ihre Sitten sich schickten. Sie haben also aus ihrem Theater nichts anders als ein französisches in deutscher Sprache gemacht. Es ist wahr, dieses Theater ist darum nicht ohne alle Annehmlichkeit geblieben. Denn es gibt in den Torheiten etwas, das allgemein ist, worinnen alle Nationen übereinstimmen und dessen Vorstellung folglich allen gefallen muß. Aber ein Theater, das nur durchs Allgemeine gefällt, ist so einnehmend nicht, als es sein könnte; und ich schreibe dieser Ursache die Kaltsinnigkeit zu, womit die Komödien in Deutschland besucht werden. Die Liebe zu denselben würde weit größer sein, wenn einesteils die Nation die Schönheiten, die sie in den vorgestellten Stücken wahrnimmt, auf die Rechnung ihres eigenen Witzes schreiben könnte und wenn anderenteils in den abgeschilderten Sitten ein jeder die ihm bekannten Sitten seines Landes erkennte und sich kitzelte, sooft sich etwas fände, das sich auf einen seiner Bekannten anwenden ließe. Denn dieses wird, wofern man nur die Natur nachahmt und für ein Theater in seinem Vaterlande schreibt, fast in allen Zeiten geschehen, ohne daß man darum auf jemanden insbesondere zu denken nötig hätte. Die deutschen Komödianten haben am meisten hierbei verloren. Denn ungeachtet sie anfangs nicht so vollkommene Stücke gehabt haben würden, als sie aus dem Französischen übersetzen las-

110 Gedanken zur Aufnahme des dänischen Theaters

sen konnten, so würden doch Stücke, in denen sich nur Geist und Munterkeit gewiesen, bei allen ihren Mängeln, weit mehr Aufsehen erregt und mehr Geld eingebracht haben. Die jungen Anfänger, die dergleichen Stücke verfertigt, würden aufgemuntert und bald vollkommener geworden sein; und hieraus wäre ein allgemeiner Eifer für ein gutes Theater entstanden. Es wäre mir leicht, dieses mit dem Beifalle zu beweisen, den etliche deutsche Stücke erhalten haben, in denen wenig Feuer und gar nichts Einnehmendes ist, die aber deutsche Sitten zeigen.

Ich kann noch hinzusetzen, daß es überhaupt ein großer Schade für den Witz einer Nation ist, wenn man sich immer mit Übersetzungen fremder Werke behilft und die Ermunterung der guten Köpfe in seinem Vaterlande verabsäumt. Das Theater ist allemal das vornehmste Feld und die bequemste Gelegenheit, wo die witzigen Köpfe einer Nation sich üben können; man muß es also nicht so dicht mit ausländischen Arbeiten besetzen, daß den einheimischen der Platz benommen wird.

Ich rate also, aus allen Gattungen der theatralischen Stücke nur einige Werke der Franzosen aufzusuchen, die zu den hiesigen Sitten sich am besten schicken und in denjenigen Arten, die man in Dännemark noch nicht hat, und die guten Köpfe, deren es hier unter den jungen Leuten viele gibt, dadurch zu ermuntern. Es ist zum Anfange des hiesigen Theaters nicht möglich, sie wie in Frankreich zu belohnen. Aber es würden gewiß gute Proben erscheinen, wenn man das Einkommen der fünften Vorstellung oder auch nur einen Teil desselben, statt einer Erkenntlichkeit, denen Verfassern überließe, deren Arbeiten die fünfte Vorstellung erreichen.

Wenn diejenigen Patrioten, die vor einigen Jahren Preise auf gute dänische Poesien setzten, nun auf dasjenige theatralische Werk, das in jedem Jahre den größten Beifall erhielte, einen auch nur mäßigen Preis setzen wollten, so wäre dieses eine neue Beihülfe. Was endlich den Druck betrifft, so ist es für den Verfasser und für die Komödianten gleich

Gedanken zur Aufnahme des dänischen Theaters   111

nützlich, wenn ein neuverfertigtes Stück nicht eher als ein
Jahr nach der ersten Vorstellung bekanntgemacht wird. Aber
es würde dem Witze der ganzen Nation und den Komödianten selbst schädlich sein, wenn es gar nicht gedruckt werden
sollte. Gedruckte Stücke veranlassen Anmerkungen und Kritiken; und diese machen den Witz und die Regeln bei den
Verfassern und bei den Zuschauern bekannter. Je mehr der
Zuschauer davon weiß, desto öfter besucht er die Schauspiele; und bei den Kritiken derselben gewinnen die Komödianten, wie die Buchhändler bei den Streitigkeiten der Ge-
lehrten.

ZU DEN TEXTEN

Die beiden Texte dieses Bandes gehen auf die Erstdrucke zurück; ,Canut' auf die Erstausgabe *Copenhagen 1746;* Schlegels Abhandlung ,*Gedanken zur Aufnahme des dänischen Theaters'* auf den *3. Band* der von Johann Heinrich Schlegel herausgegebenen Gesamtausgabe der *Werke* von Johann Elias Schlegel, *Kopenhagen und Leipzig 1764,* S. 259–98. Auf die Wiedergabe des Widmungsgedichtes an Friedrich V. von Dänemark im ,*Canut'* wurde verzichtet.

Orthographie und Interpunktion sind modernem Gebrauch angeglichen worden, charakteristische Eigenheiten jedoch beibehalten. Der Lautstand ist streng gewahrt. Inkonsequenzen in der Schreibung wurden ausgeglichen; ungebräuchliche Abkürzungen aufgelöst; Titel, Namen und Zitate in der Regel berichtigt oder vervollständigt.

ZEITTAFEL

1719   17. Januar: Johann Elias Schlegel als Sohn des Appel-
          lationsrates und Stiftssyndikus Johann Friedrich Schle-
          gel in Meißen geboren.
1733–39   Besuch der Fürstenschule Pforta.
1736   ,Hekuba‘, Tragödie (1., nicht erhaltene Fassung).
1737   ,Geschwister in Taurien‘, Tragödie (1., nicht erhaltene
          Fassung).
1739   Beginn des Studiums in Leipzig (Jura, Philosophie).
          Bekanntschaft mit Gottsched.
          ,Dido‘, Tragödie (1., nicht erhaltene Fassung).
          ,Geschwister in Taurien‘ (2., nicht erhaltene Fassung);
          Aufführung auf der Neuberschen Bühne.
          Übersetzung von Sophokles’ ,Elektra‘ (Erstdruck in
          ,Theatralische Werke‘).
1740   ,Schreiben an den Herrn N. N. über die Comödie in
          Versen‘ (Erstdruck in ,Critische Beyträge‘, 6. Bd.).
          ,Lucretia‘, Tragödie (Erstdruck in ,Werke‘, 2. Bd.,
          1762).
1741   ,Hermann‘ (Erstdruck in ,Deutsche Schaubühne‘, 4. Bd.,
          1743).
          ,Der geschäfftige Müßiggänger‘ (Erstdruck in ,Deut-
          sche Schaubühne‘, 4. Bd., 1743).
          ,Vergleichung Shakespeares und Andreas Gryphs‘
          (Erstdruck in ,Critische Beyträge‘, 7. Bd.).
          ,Abhandlung, daß die Nachahmung der Sache, der man
          nachahmet, zuweilen unähnlich werden müsse‘ (Erst-
          druck in ,Bremer Beyträge‘, 1. Bd. 1745).
1742   Juristisches Examen.
          ,Hekuba‘ (2., nicht erhaltene Fassung), neuer Titel:
          ,Die Trojanerinnen‘.
          ,Geschwister in Taurien‘ (3. Fassung), neuer Titel:
          ,Orest und Pylades‘ (Erstdruck in ,Werke‘, 1. Bd.,
          1761).
          ,Dido‘ (2. Fassung; Erstdruck in ,Deutsche Schau-
          bühne‘, 5. Bd., 1744).

Zeittafel

	,*Die Pracht zu Landheim*', unvollendete Komödie (Erstdruck in ,*Werke*', 3. Bd., 1764).
1742/43	,*Abhandlung von der Nachahmung*' (Erstdruck in ,*Critische Beyträge*', 8. Bd., 1742/43 und ,*Neuer Büchersaal der schönen Wissenschaften und freyen Künste*', 1. Bd., 1745).
1743	Übersiedlung nach Kopenhagen als Privatsekretär des sächsischen Gesandten von Spener am dänischen Hof. Freundschaft mit Ludwig Holberg.
1745/46	,*Der Fremde*', Wochenschrift. Darin: ,*Der gute Rat*', einaktige Komödie.
1746	,*Der Geheimnisvolle*' (Erstdruck in ,*Theatralische Werke*'). ,*Canut*'.
1747	,*Theatralische Werke*' (mit wichtiger Vorrede). Darin: ,*Canut*', ,*Die Trojanerinnen*' (endgültige Fassung), ,*Der Geheimnisvolle*', Übersetzung von Sophokles' ,*Elektra*'. ,*Die stumme Schönheit*'. ,*Schreiben von der Errichtung eines Theaters in Kopenhagen*' (Erstdruck in ,*Werke*', 3. Bd., 1764). ,*Gedanken zur Aufnahme des dänischen Theaters*' (Erstdruck in ,*Werke*', 3. Bd., 1764).
1748	26. April: Heirat mit Johanna Sophia Niordt. Berufung zum Professor für Geschichte, Kommerzwesen und Staatsrecht an der Ritterakademie in Sorø. ,*Der Triumph der guten Frauen*'.
1749	13. August: Johann Elias Schlegel in Sorø gestorben.
1761–70	*Werke*. Hrsg. von Johann Heinrich Schlegel. 5 Bde.

LITERATURHINWEISE

Ellenberger, Hugo: *Der Dramatiker J. E. Schlegel*. Wien, Phil. Diss. 1930.

Geißler, Rolf: *Das Ethos des Helden im Drama der Gottsched-Zeit*. Köln, Phil. Diss. 1954 [Masch.].

Heitner, Robert H.: *German Tragedy in the Age of Enlightenment*. Berkeley and Los Angeles 1963.

Krießbach, Erich: *Die Trauerspiele in Gottscheds ,Deutscher Schaubühne' und ihr Verhältnis zur Dramaturgie und zum Theater ihrer Zeit*. Halle, Phil. Diss. 1927.

May, Kurt: *Johann Elias Schlegels ,Canut' im Wettstreit der geistesgeschichtlichen und formgeschichtlichen Forschung*. In: K. May, Form und Bedeutung. Interpretationen deutscher Dichtung des 18. und 19. Jahrhunderts. Stuttgart 1957, S. 13–41.

Paul, Gustav: *Die Veranlassung und die Quellen von Johann Elias Schlegels ,Canut'*. Darmstadt 1915.

Rentsch, Johannes: *J. E. Schlegel als Trauerspieldichter, mit besonderer Berücksichtigung seines Verhältnisses zu Gottsched*. Erlangen 1890.

Salzbrunn, Joachim: *Johann Elias Schlegel, seine Dramaturgie und seine Bedeutung für die Entwicklung des deutschen Theaters*. Göttingen, Phil. Diss. 1957 [Masch.].

Schonder, Hermann: *J. E. Schlegel als Übergangsgestalt*. Würzburg 1941 (= Stadion 7).

Schubert, Werner: *Die Beziehungen J. E. Schlegels zur deutschen Aufklärung*. Leipzig, Phil. Diss. 1959 [Masch.].

Sengle, Friedrich: *Das deutsche Geschichtsdrama*. Stuttgart 1952.

Walzel, Oskar: *Beiträge zur Kenntnis Johann Elias Schlegels*. In: Vierteljahrsschrift für Litteraturgeschichte 1 (1888), S. 212–25.

Wilkinson, Elizabeth Mary: *J. E. Schlegel as a German Pioneer in Aesthetics*. Oxford 1945.

Wolf, Peter: *Die Dramen Johann Elias Schlegels*. Ein Beitrag zur Geschichte des Dramas im 18. Jahrhundert. Zürich 1964. (= Zürcher Beiträge zur deutschen Literatur- und Geistesgeschichte 22).

Wolff, Eugen: *Johann Elias Schlegel*. Kiel und Leipzig [2]1892.

NACHWORT

Obwohl weder zu seiner Zeit noch zweihundert Jahre nach seinem Erscheinen so berühmt wie Gottscheds ‚Sterbender Cato‘, obwohl auch heute meist erst nach dem ‚Hermann‘ genannt, ist Johann Elias Schlegels ‚Canut‘ das beste Drama, das in der Zeit nach den Tragödien von Gryphius und Lohenstein und vor den Trauerspielen von Lessing in deutscher Sprache geschrieben worden ist.

Der Grund für das geringe Echo, das der ‚Canut‘ ausgelöst hat, liegt vor allem in seinem stofflichen Vorwurf. Die Dramatisierung eines Stoffes aus der dänischen Nationalgeschichte bildet schon an sich einen seltenen Fall in der dramatischen Weltliteratur. Darüber hinaus hat Schlegel in seinem Werk nicht wie Shakespeare in seiner Tragödie eines dänischen Prinzen diesen Stoff nur als Hintergrund für ein davon leicht zu lösendes Geschehen benutzt, sondern auch besondere nationale Eigenarten seines geschichtlichen Vorwurfs zum Bestandteil der Handlung gemacht.

Erscheinen die Wirkungsmöglichkeiten von Schlegels ‚Canut‘ auf Grund der stärkeren Verknüpfung der Handlung mit einer bestimmten, weniger bekannten Nationalhistorie natürlicherweise beschränkt, so öffnet andererseits gerade diese engere Anlehnung den Weg zum Verständnis eines Dramas aus der Zeit des Rationalismus. Denn für das häufig diskutierte Problem des historischen Dramas, das Problem, wie sich Drama und Geschichte zueinander zu verhalten haben, auf das die Aufmerksamkeit bei der Lektüre des ‚Canut‘ gelenkt wird, hielt das 18. Jahrhundert eine eigene Lösung bereit. Sie ist nicht deshalb interessant, weil sie eine besonders überzeugende Lösung darstellte. Im Gegenteil. Unter allen literarischen Epochen nach 1500 hat die Aufklärung am wenigsten vermocht, Eigenwert der Geschichte und Eigenwert des Dramas gerecht gegeneinander abzuwägen. Wenn man so will, hat sie die Schwere des Problems gar nicht erkannt. Ihre Lösung ist darum auch keine Lösung im eigentlichen Sinne. Da sich das Problem des Geschichtsdramas für sie nicht in aller Schärfe stellte, konnte es zur untergeordneten Teilfrage eines globalen poetologischen Systems werden, eingebettet in die allgemeine Ästhetik des Dramas. Darum aber hat auch das „nationale Engagement", das dem Leser in einer Dichtung der Aufklärung entgegentritt, sei es in der Verwendung eines historischen, sei es in der Benutzung eines zeitgenössischen Stoffes, kaum je etwas mit „Chauvinismus" im weitesten Sinne zu tun. Vielmehr stellt das nationale Element als Ingredienz der Dichtung in der Regel ein Moment nicht des Nationalismus, sondern allein der Poetik dar, ja, noch allgemeiner, ein Moment innerhalb des umgreifenden kosmopolitischen Erziehungs- und Bildungsprogramms der Aufklärung. Gerade Johann Elias Schlegel veranschaulicht diesen Sachverhalt in seinem theoretischen und in seinem dichterischen Werk so deutlich wie nur wenige seiner Zeitgenossen.

Als der zwanzigjährige Schlegel nach Abschluß seiner Schulzeit in Pforta 1739 in Leipzig sein Jurastudium aufnahm, war er dort bereits als Dichter bekannt: kurz zuvor hatte die Neuberin eines von seinen noch während der Schulzeit verfaßten Dramen aufgeführt. Schnell gewann Schlegel Kontakt mit Gottsched und seinen Schülern. Obwohl von Gottsched gefördert, hielt er sich klug aus dem Streit heraus, den sein Lehrer mit den Schweizern Bodmer und Breitinger führte. Statt an einer fruchtlosen und unerfreulichen Polemik über zum Teil unwesentliche Einzelheiten teilzunehmen, über die man wesentlichere Probleme der Dichtung aus den Augen zu verlieren drohte, richtete Schlegel sein Augenmerk auf die ihn lebenslang beschäftigenden Grundfragen: wie wird Dichtung zu Kunst und wie kann Dichtung als Kunst die ihr zugewiesene Aufgabe der Erziehung und Bildung am besten verwirklichen? So ver-

Nachwort   **119**

teidigte er bereits 1740 gegen den Gottschedschüler Gottlob
Benjamin Straube in den ‚*Critischen Beyträgen*' die „*Comö-
die in Versen*". Straube hatte, sich auf einen oberflächlichen
Begriff von „Wahrscheinlichkeit" berufend, nur die Prosa-
komödie zulassen wollen, da die im Lustspiel auftretenden
Bürger im wirklichen Leben auch nicht in Versen sprächen.
Schlegel tritt dagegen für die „*gereimte Comödie*" ein, weil
erst der Vers die im Lustspiel geschilderten Vorgänge des
Alltagslebens von diesen selbst abhebe und den notwendigen
Unterschied zwischen Kunst und Wirklichkeit schaffe.

Immer wieder betonte Schlegel mit Nachdruck den Ab-
stand zwischen Kunst und Wirklichkeit. Dichtung sollte
keine Imitation der Natur sein, wie manche Aufklärer vom
Standpunkt einer falsch verstandenen „*wahrscheinlichen
Nachahmung*" forderten, sondern allenfalls eine Analogie.
Der Titel seiner 1741 geschriebenen ‚*Abhandlung, daß die
Nachahmung der Sache, der man nachahmet, zuweilen un-
ähnlich werden müsse*' ist programmatisch für die Richtung
aller seiner poetologischen Überlegungen.

Doch würde man Schlegel und die Bedeutung seiner poetischen Theorie im 18. Jahrhundert falsch beurteilen, wollte
man in seinem Eintreten für den Kunstcharakter der Kunst
schon eine Art vorweggenommener „l'art pour l'art"-An-
schauung erblicken, obwohl Schlegels Werk mehrfach so
interpretiert worden ist. Es mag in der Tat scheinen, als
nähere sich Schlegel gelegentlich solcher Einstellung, etwa
wenn er in den ‚*Gedanken zur Aufnahme des dänischen
Theaters*' schreibt, daß das von der Kunst hervorgerufene
„*Vergnügen*" allein genüge, als ihr Hauptzweck ihre Existenz zu rechtfertigen (vgl. S. 84 ff.). Doch derartige Äußerun-
gen richten sich in erster Linie gegen Auffassungen, die die
Dichtung zu einem Instrument allzu platter Belehrung in
Form regelrechter moralischer Lehrsätze machen wollten.
Sie gehören darüber hinaus in den Rahmen von Schlegels
allgemeinen und grundsätzlichen Theorien über Zweck und
Eigenschaften, die er Kunst und Dichtung zuerteilt. Schlegel

verschmäht die isolierte, konkrete und direkte Belehrung mittels der Dichtung. Ein einzelner, über einen bestimmten „Fall" aufklärender Lehrsatz ist nach seiner Meinung durchaus entbehrlich, so daß das Kunstwerk als solches anscheinend nur dem „*Vergnügen*" zu dienen braucht. Aber wenn auch der deutlich erkennbare belehrende Akzent fehlt, so soll doch das Werk als Ganzes, als Produkt des entwickelten menschlichen Geistes eine weiter gefaßte belehrende Funktion erfüllen. An die Stelle der direkten Belehrung setzt Schlegel die indirekte, unauffälligere, aber dafür umfassende Erziehung und Bildung. Die Dichtung und insbesondere die Theaterkunst können allmählich zu einer Vergrößerung der Bildung und einer Verbesserung der Denkgewohnheiten wie der Umgangssitten beitragen. Das gelingt, indem man das Publikum einfach mit der Kunst und ihrem Inhalt konfrontiert, indem man einen ständigen Kontakt der Theaterbesucher und Leser mit der Welt der Kunst herstellt.

Um dieses Ziel erreichen zu können, muß zuvor Klarheit über die Beschaffenheit der Dichtkunst bestehen. Dichtung als Nachahmung der Natur, der Wirklichkeit: dieser Grundsatz bleibt als Ausgangspunkt aller Überlegungen auch bei Schlegel gültig. Weil jedoch die reale Wirklichkeit die gewünschte erzieherische Funktion nicht auszuüben in der Lage ist, muß sie in der Kunst verändert werden. Darum geht allem Dichten der Prozeß einer Isolierung des einzelnen poetischen Vorwurfs voraus, sein Herauslösen aus der Verflochtenheit mit der gleichgeordneten Vielfalt der Erscheinungen. Und das ist gleichbedeutend mit Übertreibung und Zuspitzung des gewählten Gegenstandes. Das Wahrscheinliche und Wahre wird auf diese Weise zum Unwahrscheinlichen und Unwahren. Zur Veranschaulichung des Gemeinten spricht Schlegel davon, daß man z. B. die Charaktere in der Dichtung jeweils gleichsam zu einem *Herkules* bilden müsse, indem man ihre Eigenschaften steigere, „*wie die Griechen diesem* [Herkules] *die Taten aller Helden beilegten*" (,*Abhandlung, daß die Nachahmung der Sache . . .*'). Erst

Nachwort

die Eindringlichkeit der Übertreibung garantiert zumindest die Möglichkeit der Bildung und Erziehung.

Es unterliegt keinem Zweifel, daß Schlegels Definition nicht auf eine autonome Seinsweise der Dichtung mit eigenen Gesetzen und eigener Realität hinausläuft. Sie orientiert sich immer aufs neue an der Wirkung, die Kunst erzielen soll. Darum muß auch in der Welt der Kunst trotz ihrer Abweichung von der realen Alltagswelt z. B. das Gesetz von Ursache und Wirkung wie in dieser streng gewahrt werden.

Auch diejenigen Gedankengänge Schlegels, die über die Aufklärung hinaus bereits in die Richtung Lessings und des Sturm und Drangs vorausweisen, nehmen von hier ihren Ausgang. Trotz grundsätzlicher Übereinstimmung mit der poetischen Theorie der Aufklärung löst sich Schlegel von der ausschließlich normativen Poetik insofern, als er die Besonderheiten einzelner Nationalliteraturen nicht als „Verstöße" gegen eine überzeitliche und für alle Dichter in gleich hohem Grade verbindliche, von Aristoteles und Horaz formulierte Poetik versteht, sondern als berechtigte und notwendige „Variationen" ausdrücklich billigt. Darum steht er Shakespeare und überhaupt der englischen Literatur, ganz anders als etwa Gottsched, durchaus positiv gegenüber.

Aber auch für diese Auffassungen gab die Wirkungsästhetik den entscheidenden Anstoß. Schlegel ist keineswegs der Meinung, in den einzelnen Nationalliteraturen sei jeweils ein ursprünglich-individueller „Volksgeist" zum Ausdruck gelangt. Vielmehr gehen seine Überlegungen von folgenden Gegebenheiten aus. Die Anwendung des „Herkules-Prinzips" bringt es mit sich, daß der Unterschied zwischen Kunst und Natur deutlich markiert, ja besonders stark betont wird. Infolgedessen droht die angestrebte Erziehung, die ja erst mit Hilfe dieses Prinzips gelingen kann, gleichzeitig wieder verlorenzugehen, weil die Verbindlichkeit des Dargestellten für den Aufnehmenden wegen des „Unnatürlichen" der Übertreibung gemindert wird. Sozusagen zum Ausgleich muß der Leser und Zuschauer deshalb mit solchen

Phänomenen konfrontiert werden, die aus seiner eigenen Wirklichkeit stammen, die ihm bekannt sind, deren Existenz er nicht bezweifelt. So werden z. B. die Engländer am ehesten durch solche Charaktere und Handlungen zu überzeugen sein, die typisch englisch sind; typisch französische werden von deutschen Zuschauern natürlich weniger gut verstanden als von den Franzosen selbst usw. *„Jede Nation schreibt einem Theater, das ihr gefallen soll, durch ihre verschiedenen Sitten auch verschiedene Regeln vor, und ein Stück, das für die eine Nation gemacht ist, wird selten den andern ganz gefallen"* (vgl. S. 76 f.).

Von hier aus erklärt sich auch die Rolle, die der Geschichte in Schlegels Werk zufällt. Für Gottsched und die gesamte Aufklärung, auch Lessing ist in diesem Zusammenhang zu nennen, bedeutete Geschichte für den Dramatiker ein neutrales Arsenal, eine unausschöpfbare Fundgrube für Namen, Charaktere, Handlungen, die dem Dichter zu beliebiger Verfügung standen. Allein die Frage, ob der Dramatiker das Recht habe, die Charaktere bestimmter historischer Personen zu verändern, beschäftigte Gottsched, Lessing und auch Schlegel als Problem.

Schlegel bemerkte jedoch als einziger, daß Nationalgeschichte für den Dramatiker von besonderem Wert sein könne. Er versteht Nationalgeschichte ebensowenig wie seine Zeitgenossen als einen individuellen „Organismus", der in bestimmter Relation zu Welt- und Universalgeschichte steht. Zur Nationalgeschichte greift der Dichter nicht aus Gründen patriotischer Erbauung oder vaterländischer Begeisterung. Auch die Nationalgeschichte bleibt letztlich für Schlegel ein Material-Magazin. Aber man zieht einen Stoff aus ihrem Bereich denen aus „fremder" Historie vor, weil er dem Publikum, für das der Dichter schreibt, bekannt ist, weil dies Publikum sich mit den historischen Personen und Ereignissen seiner eigenen Vergangenheit enger verbunden fühlt als mit denen anderer Völker und Nationen; und das um so stärker, als viele herrschende Lebensformen und Sitten aus

Nachwort 123

dieser Vergangenheit tradiert worden sind. Nationalgeschichte wird folglich zu einem Mittel des Dichters, auf sein
Publikum leichter und besser einwirken zu können und damit
auch dessen Erziehung und Bildung effektvoller zu fördern.

Nur wenn man dies reflektierte, von Emotionen so gut
wie unberührte Verhältnis Schlegels zur Nationalgeschichte
erkennt – das von völlig anderer Art ist als das seiner Nef-
fen Friedrich und August Wilhelm ungefähr 60 Jahre später –, wird verständlich, warum er sogar zwei „National-
dramen" für zwei verschiedene Nationen verfassen konnte.
Wie der ‚*Hermann*' (1741) für das deutsche Publikum bestimmt war, so der ‚*Canut*' für das dänische.

Wenn Gottsched 1743 in der Vorrede zum Erstdruck des
‚*Hermann*' im 4. Bande der ‚*Deutschen Schaubühne*' schrieb:
„*Überhaupt wird man auch sehen, daß ein Franzose die
wahre Größe eines deutschen Helden bei weitem nicht so
natürlich vorzustellen gewußt als ein deutscher Dichter, der
selbst ein deutsches Blut in den Adern und die Neigung zur
deutschen Freiheit im Herzen mit der Gabe des poetischen
Witzes verbunden hat*", so resultieren diese Worte aus dem
begreiflichen Bestreben, den deutschen Dichtern angesichts
der allgemein anerkannten Vorrangstellung der französischen Literatur Mut und Selbstvertrauen zu stärken. Doch
Gottscheds Akzentuierung des Politisch-Nationalen beruht
weitgehend auf einem Mißverständnis der Intentionen Schlegels, die auf eine Darstellung aufklärerischer Tugendideale
gerichtet waren. Zudem widerlegte Schlegel Gottscheds
‚*Hermann*'-Deutung geradezu, indem er wenige Jahre später
ein dänisches Nationaldrama schuf, ohne doch „ein dänisches
Blut in den Adern" zu haben.

Ebensowenig wie ‚*Hermann*' als politisch-patriotisches
Drama der Deutschen gedacht war, sollte auch ‚*Canut*' die
Dänen zur Besinnung auf ihre historisch-nationale Vergan-
genheit und Gegenwart ermuntern. Canuts Schlußworte

Doch ach! die Ruhmbegier, der edelste der Triebe,
Ist nichts als Raserei, zähmt ihn nicht Menschenliebe

weisen mit ihrem sentenziösen Charakter in den Mittelpunkt des Gehalts. Der Gegensatz zwischen dem vernünftigen, sich tugendgemäß verhaltenden und alle seine Handlungen mit maßvoller Einsicht lenkenden Canut und dem maßloser Leidenschaft verfallenen Ulfo, der zum Bösewicht wird auf Grund seiner ungezügelten Ehr- und Ruhmsucht, die als ein an sich positiver Wert hier wegen der fehlenden Korrektur durch Tugend und Vernunft pervertiert ist: das ist das eigentliche Thema des Stückes. Bruno Markwardt sieht wegen dieser scharfen Gegensätzlichkeit in dem Werk eine „*Frühstufe des Thesendramas*", in dem die These – „*maßloses Geltungsstreben führt ins Verhängnis*" – im Schicksal einer der Hauptgestalten demonstriert und von anderen Thesenträgern formuliert wird (‚*Geschichte der deutschen Poetik*‘, Bd. II, S. 508).

Entsprechend dieser These sollte alles helle Licht auf Canut und alles dunkle auf Ulfo fallen. Eine derartige Antithetik erschiene dem modernen Leser gänzlich unerträglich, wenn Schlegel es nicht vermocht hätte, simple Schwarz-Weiß-Malerei zu vermeiden. Ulfo ist nicht nur ein Bösewicht. Er ist ein Mensch, der nur sich selbst verwirklichen will und muß, der darum aus innerem Zwang zu allen Mitteln greift, sein Ziel zu erreichen, auch zu solchen Mitteln, die mit den aufklärerischen Idealen Recht, Sitte, Tugend, Treue in krassem Widerspruch stehen. Man hat immer wieder darauf hingewiesen, daß sich in der Gestaltung Ulfos Schlegels Kenntnis der Shakespearischen Charakterkonzeption ausgewirkt habe. Ulfo wird darum geradezu als Vorläufer der *großen Kerls* angesehen, der wie die Helden im Drama des Sturm und Drangs tragisch scheitern müsse, weil er ausschließlich aus seinem eigenen, individuellen Wesensgesetz lebe, das ihn notwendig in einen unlösbaren Konflikt mit seiner Zeit und seiner Umwelt geraten lasse. Letztlich sei sein Untergang nicht durch äußere Umstände bedingt, sondern durch seine einmalige Charakterdisposition. Kurt May hat nachgewiesen, daß sich die Gestaltung der besonde-

Nachwort

ren Individualität Ulfos bis in seinen Sprachstil erstreckt, der sich von dem aller anderen Personen des Dramas charakteristisch unterscheidet. Eine im Bereich der aufklärerischen Dramatik höchst ungewöhnliche Erscheinung.

So sieht man heute die Gestalt Ulfos. Und gerade die im Werk liegende Möglichkeit dieser Interpretation hebt es für uns aus der Menge der übrigen Dramen des Rationalismus heraus. Ob auch Schlegel selbst Ulfo so verstanden hat, ist schwer zu entscheiden. Es würde unter anderem bedeuten, daß der Dichter entgegen seiner – durchaus aufklärerischem Denken entsprechenden – negativen Zeichnung der Person doch heimlich mit ihr sympathisiert habe.

Schlegels Zeitgenossen faßten Canuts Widersacher jedenfalls nicht in dieser Weise auf. Sie erkannten in Ulfo ausschließlich den Bösewicht. Andererseits empfanden sie jedoch, daß es im ‚Canut‘ etwas gäbe, das mit ihren Vorstellungen nicht harmonierte. Das Unbehagen, das von der Figur des Ulfo ausging, fand auch in Friedrich Nicolais Kritik Ausdruck, nach der das Stück gegen die Regeln des Dramas verstieß. Nicolai nimmt Anstoß an dem Mißverhältnis zwischen Titelgestalt und eigentlicher Hauptperson. Canut solle zwar die Hauptperson vorstellen, aber als nie wirklich Handelnder sei er es nicht, könne deshalb auch nicht *„tragisches Mitleiden"* erregen, wie es von einer Hauptgestalt verlangt werden müsse. Ulfo dagegen, der so *„hassenswürdig"* sei, daß er *„sein schlechtes Schicksal zu sehr verdient"*, ziehe alle *„Aufmerksamkeit"* auf sich, ja das *„Mitleiden"*, das als einzige die Nebengestalt Estrithe erwecke, *„kömmt eher dem Charakter des Ulfo als dem Charakter des Canut zu Hilfe"* (‚Abhandlung vom Trauerspiel‘, Deutsche Nat.-Litt., Bd. 72, S. 354). In diesen Formulierungen deutet sich vielleicht die Wirkung der Gestalt Ulfos an, die heutigem Verständnis so wertvoll ist, die bei den Zeitgenossen jedoch notwendig Abwehrreaktionen hervorrufen mußte.

Nicolai meinte deshalb – von seinem Standpunkt aus vollkommen folgerichtig –, einen Fehler in der Ökonomie des

Dramas entdeckt zu haben. Und er unterbreitet daher einen Vorschlag, wie das Stück besser hätte angelegt werden können: Canut hätte tatsächlich durch Ulfos Anschlag umkommen sollen. Dann wäre das tragische Mitleid auch von der Hauptgestalt und für sie ausgelöst worden. So einleuchtend dieser Vorschlag zu sein scheint, so eindeutig verfehlt er die Intentionen, die Schlegel bei der Abfassung seines Dramas geleitet haben. Denn in der Tatsache, daß Canut trotz aller staatspolitisch unklugen Vergebungs- und Versöhnungsversuche nicht ein Opfer Ulfos wird, daß das Gute siegt, daß der friedliebende, der Tugend und dem Staatswohl verpflichtete König, der *Herkules* an Güte, sich durchsetzt und nicht der egoistische und verbrecherische Untertan, das gerade sollte als Gehalt des Dramas seine Wirkung auf den Zuschauer tun. Darin lag die optimistische Erziehungs- und Bildungsidee dieses Stücks.

Hierin vor allem erblickte Schlegel die Bedeutung seines Dramas. Unter anderem geht das daraus hervor, daß er seine historischen Quellen wohl genau, aber nicht vollständig benutzte. Er verschweigt, daß Knut der Große vor Antritt und in den ersten Jahren seiner Regierung durchaus nicht der selbstlose und tugendhafte Herrscher war, als der er im Drama erscheint. Hier zeigt sich nochmals der wirkungsästhetische Ansatz von Schlegels künstlerischem Schaffen. Denn im Gedächtnis der historisch nicht geschulten Dänen war damals wie heute allein das Bild des guten Knut bewahrt. Schlegel durfte daher sicher sein, mit seiner Zeichnung des Canut den Vorstellungen des Zuschauers zu entsprechen. Der Zuschauer mußte von dieser Gestalt besonders beeindruckt werden, weil in seinen Augen die Geschichte als nachprüfbare Wirklichkeit die künstlerische Aussage des Theaterstücks beglaubigen konnte.

So weit wie Schlegel sich mit seiner Ulfo-Gestalt von den gängigen Darstellungen des Bühnenbösewichts entfernte, so weit entfernte sich Nicolai mit seinem Verbesserungsvorschlag von den Absichten des Dichters und damit auch von

Nachwort

der allgemeineren philosophischen Lehre der Aufklärung, nach der das Gute nicht das Opfer des Bösen sein durfte.

Doch die Tatsache, daß der ‚Canut‘ Friedrich Nicolai mindestens zur Auflockerung einer streng aufklärerischen Interpretation zwang, unterstreicht die besondere Stellung, die Schlegel mit seinem Werk in dem Jahrzehnt zwischen 1740 und 1750 einnahm. Indem Schlegel die Kunst- und Dichtungsprinzipien seiner Epoche konsequenter durchdachte als seine Zeitgenossen, überwand er gleichzeitig deren enge und unbewegliche Vorstellungen. In der Dramentheorie gelangte er zu bedeutsamen Modifizierungen: über die seit der Renaissance und Opitz gültige, von Gottsched energisch bekräftigte Ständeklausel setzte er sich hinweg (vgl. S. 90), der üblichen Verurteilung Shakespeares stellte er eine gerechtere Kritik gegenüber, die dem Drama zugewiesene einseitige Aufgabe moralischer Belehrung erweiterte er zu umfassender Bildung. Auch in seinem dichterischen Werk finden sich mancherlei Tendenzen und Motive, die über den rationalistischen Horizont der Gottsched-Zeit hinausweisen. Sie verhinderten, daß der ‚Canut‘, wie alle anderen Tragödien der Frühaufklärung, wenige Jahre nach seinem Erscheinen vergessen war oder allenfalls noch als Gegenstand einer heftigen Kritik der Sturm-und-Drang-Dichter lebte. Deutlichstes Zeichen ist dafür eine 1780 entstandene Prosafassung des Dramas, welche die in der Gestalt Ulfos angelegten „genialischen“ Züge vertiefte und die temperamentlose Rolle Canuts vollends in den Hintergrund rückte.

INHALT

Vorbericht 5

,*Canut*' 11

Anhang: Johann Elias Schlegel: Gedanken
zur Aufnahme des dänischen Theaters . . 75

Zu den Texten 113

Zeittafel 114

Literaturhinweise 116

Nachwort 117